Marie-Henriette Böhnke

Botschaften des Waldvolks

Schritte in eine geeinte Welt

spirit RAINBOW Verlag

Marie-Henriette Böhnke

Botschaften des Waldvolks

Schritte in eine geeinte Welt

Impressum

1. Auflage 2024

www.spirit-rainbow-verlag.de

Printed in Germany

Gestaltung, Druck und Vertrieb:
Druck- & Verlagshaus Mainz
Süsterfeldstraße 83
52072 Aachen

www.verlag-mainz.de

Umschlagsgestaltung: Dietrich Betcher

Abbildungsnachweis (Innenteil):
Seite 7: https://www.shimaa.de/ leadmin/user_upload/content-
les/kryonschule/kristalle_der_wirklichkeit/
Kristallübersicht_Schritt_1-4.pdf
Weitere Abbildungen: Privatarchiv der Autorin

ISBN-10: 3-911109-02-4
ISBN-13: 978-3-911109-02-4

Inhalt

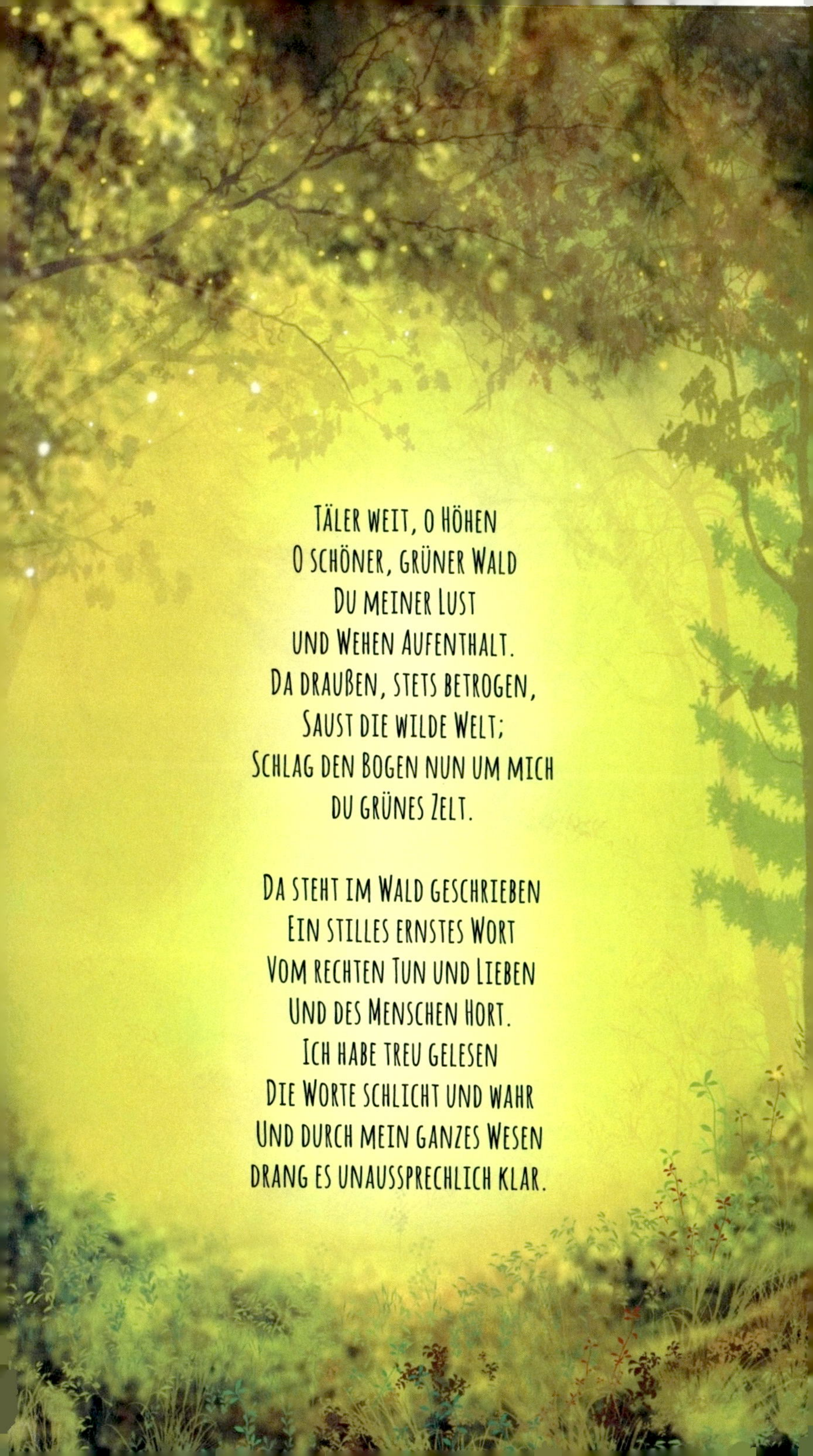

Täler weit, o Höhen
O schöner, grüner Wald
Du meiner Lust
und Wehen Aufenthalt.
Da draußen, stets betrogen,
Saust die wilde Welt;
Schlag den Bogen nun um mich
du grünes Zelt.

Da steht im Wald geschrieben
Ein stilles ernstes Wort
Vom rechten Tun und Lieben
Und des Menschen Hort.
Ich habe treu gelesen
Die Worte schlicht und wahr
Und durch mein ganzes Wesen
drang es unaussprechlich klar.

Vorwort

Liebe Leserinnen und Leser, liebe Freundinnen und Freunde des Waldvolks!

Dieses Buch ist auch oder vielleicht sogar besonders geeignet, wenn du bislang stark von den mentalen Gewohnheiten unserer westlichen Gesellschaft geprägt warst, sie dir vielleicht im Elternhaus, in Schulen und Universitäten zu eigen gemacht hast und doch die Sehnsucht fühlst, dich tiefer, persönlicher mit dem Leben, dem Zauber und den Wesen der Natur zu verbinden.

Das war auch mein Weg. Obwohl ich tief in meiner Seele das Elbensein und auch noch andere Waldvolk-Erfahrungen trage, hatte ich das mit meiner Geburt vergessen und in diesem Leben erst einmal viel aufgenommen, was die Gesellschaft mich lehrte. Es war ein Weg voller Sehnsucht, geprägt von vielen Emotionen, die ich lange nicht verstehen konnte. In meinem Streben, mich zu erden und Fuß auf dieser Erde zu fassen, habe ich Mathematik studiert und danach eine für mich geeignete Arbeit bei einem Finanzinstitut gefunden. Etwas später habe ich eine Familie gegründet und drei Kinder bekommen. Das alles gab mir Stabilität und die Möglichkeit, in Ruhe die Botschaften meines Inneren zu erforschen.

Heute weiß ich, dass darin die Chance und Aufgabe versteckt liegt, vielen erstmal eher weniger fühlenden, sich bisher mehr auf das vom Verstand Fassbare verlassende Menschen Wege aufzuzeigen. Hier in diesem Buch geht es um kleine Schritte, die dich in eine bewusste Verbindung mit den in der Natur und den Elementen wirkenden Wesen bringen können.

Irgendeine Verbindung bemerkst du schon, sonst hätte dich dieses Buch gar nicht angesprochen. Das war schon dein erster Schritt: Das Bild auf dem Umschlag oder der Titel haben etwas in dir zum Schwingen gebracht. Du hast diesem inneren Klang vertraut und das Buch in die Hand genommen. Hast du diesen Schritt bemerkt?

Und genauso geht der Weg weiter, wenn du es möchtest, wenn du es dir erlaubst. Im Kapitel *Verwendung des Buches* beschreibe ich mehrere Möglichkeiten, wie du Tag für Tag oder in einem anderen für dich passenden Rhythmus die richtige Botschaft für deinen nächsten Schritt ermitteln kannst.

Das Buch ist so aufgebaut, dass am Anfang jedes Kapitels die durch mich vermittelte Botschaft des Waldvolks steht. Hinter den drei Sternen schreibe ich selbst aus meiner Erfahrung und meinem Wissen. Aber auch für diese Teile habe ich mich wie für die Botschaften tief mit dem Waldvolk verbunden, damit alles, was ich aus meiner eigenen Erfahrung schreibe, im Einklang mit dieser Verbundenheit schwingt. Doch bitte fühle immer achtsam, ob es dich wirklich ruft, etwas über meine Erfahrungen zu lesen, oder ob du damit lieber wartest, bis du deine eigenen Erfahrungen mit dieser Botschaft gemacht hast. Mein Weg hat mich gelehrt, meine eigenen inneren Erfahrungen liebevoll zu beschützen und sie nicht zu schnell denen anderer Menschen gegenüberzustellen.

Fühle, was die Botschaften und die Bilder dir sagen, und dann vertraue deiner eigenen inneren Bewegung und lass sie dich ein Stück weiter leiten in die Erneuerung oder Vertiefung deiner Freundschaft mit den Wesen der Natur in ein lang vergessenes und doch unbewusst schmerzlich vermisstes Glück von tief gefühlter Zugehörigkeit zu ihnen und zur Seele unserer geliebten Erde.

Es ist meine Vision, dass mit Hilfe dieser Botschaften viele Menschen den Zauber der Liebe der Naturgeister als Unterstützung für ihren Weg durch diese rauen Zeiten des Wandels auf unserem Planeten gewinnen. Es können Gemeinschaften

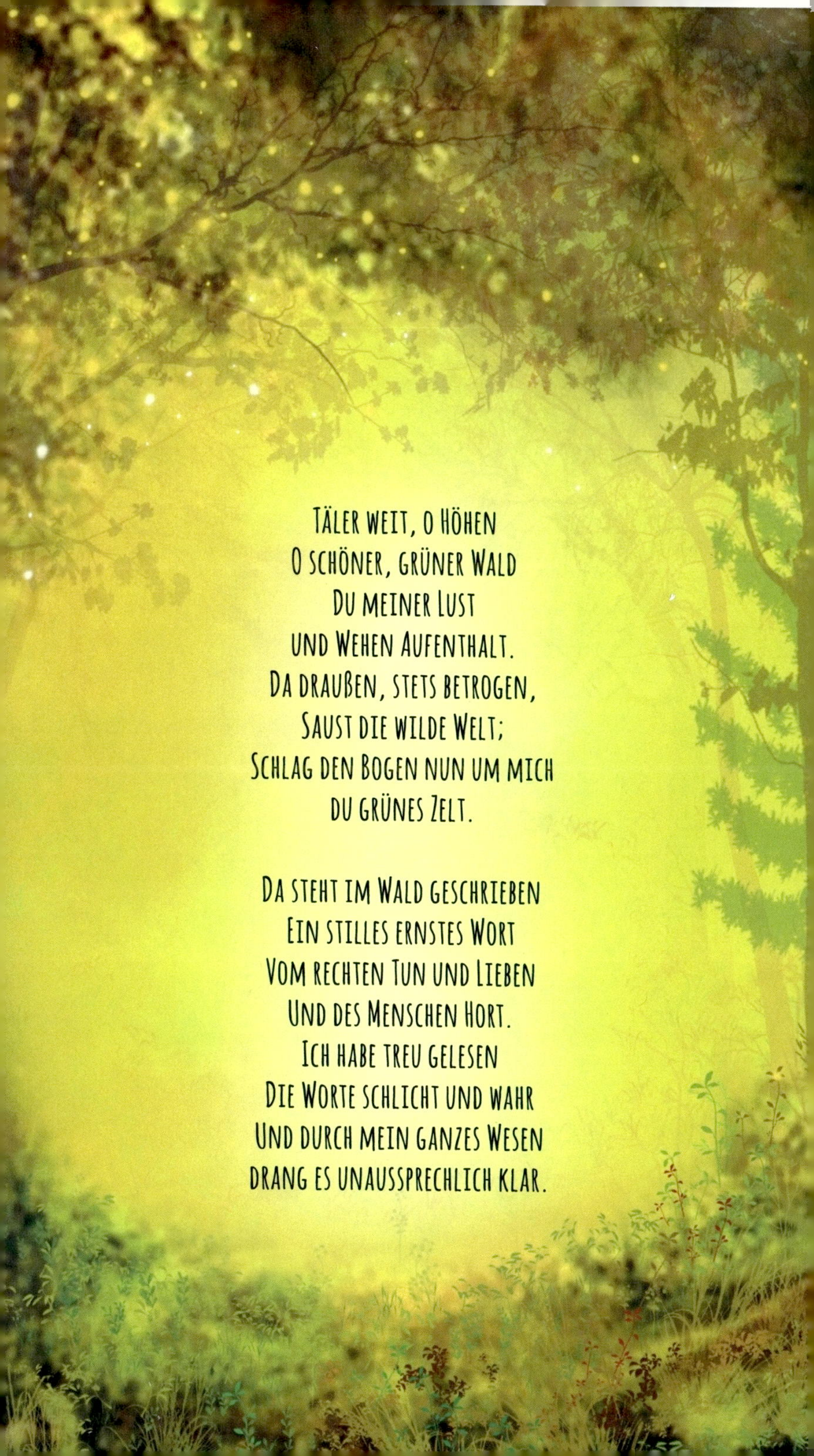

Täler weit, o Höhen
O schöner, grüner Wald
Du meiner Lust
und Wehen Aufenthalt.
Da draußen, stets betrogen,
Saust die wilde Welt;
Schlag den Bogen nun um mich
du grünes Zelt.

Da steht im Wald geschrieben
Ein stilles ernstes Wort
Vom rechten Tun und Lieben
Und des Menschen Hort.
Ich habe treu gelesen
Die Worte schlicht und wahr
Und durch mein ganzes Wesen
drang es unaussprechlich klar.

Vorwort

Liebe Leserinnen und Leser, liebe Freundinnen und Freunde des Waldvolks!

Dieses Buch ist auch oder vielleicht sogar besonders geeignet, wenn du bislang stark von den mentalen Gewohnheiten unserer westlichen Gesellschaft geprägt warst, sie dir vielleicht im Elternhaus, in Schulen und Universitäten zu eigen gemacht hast und doch die Sehnsucht fühlst, dich tiefer, persönlicher mit dem Leben, dem Zauber und den Wesen der Natur zu verbinden.

Das war auch mein Weg. Obwohl ich tief in meiner Seele das Elbensein und auch noch andere Waldvolk-Erfahrungen trage, hatte ich das mit meiner Geburt vergessen und in diesem Leben erst einmal viel aufgenommen, was die Gesellschaft mich lehrte. Es war ein Weg voller Sehnsucht, geprägt von vielen Emotionen, die ich lange nicht verstehen konnte. In meinem Streben, mich zu erden und Fuß auf dieser Erde zu fassen, habe ich Mathematik studiert und danach eine für mich geeignete Arbeit bei einem Finanzinstitut gefunden. Etwas später habe ich eine Familie gegründet und drei Kinder bekommen. Das alles gab mir Stabilität und die Möglichkeit, in Ruhe die Botschaften meines Inneren zu erforschen.

Heute weiß ich, dass darin die Chance und Aufgabe versteckt liegt, vielen erstmal eher weniger fühlenden, sich bisher mehr auf das vom Verstand Fassbare verlassende Menschen Wege aufzuzeigen. Hier in diesem Buch geht es um kleine Schritte, die dich in eine bewusste Verbindung mit den in der Natur und den Elementen wirkenden Wesen bringen können.

Irgendeine Verbindung bemerkst du schon, sonst hätte dich dieses Buch gar nicht angesprochen. Das war schon dein erster Schritt: Das Bild auf dem Umschlag oder der Titel haben etwas in dir zum Schwingen gebracht. Du hast diesem inneren Klang vertraut und das Buch in die Hand genommen. Hast du diesen Schritt bemerkt?

Und genauso geht der Weg weiter, wenn du es möchtest, wenn du es dir erlaubst. Im Kapitel *Verwendung des Buches* beschreibe ich mehrere Möglichkeiten, wie du Tag für Tag oder in einem anderen für dich passenden Rhythmus die richtige Botschaft für deinen nächsten Schritt ermitteln kannst.

Das Buch ist so aufgebaut, dass am Anfang jedes Kapitels die durch mich vermittelte Botschaft des Waldvolks steht. Hinter den drei Sternen schreibe ich selbst aus meiner Erfahrung und meinem Wissen. Aber auch für diese Teile habe ich mich wie für die Botschaften tief mit dem Waldvolk verbunden, damit alles, was ich aus meiner eigenen Erfahrung schreibe, im Einklang mit dieser Verbundenheit schwingt. Doch bitte fühle immer achtsam, ob es dich wirklich ruft, etwas über meine Erfahrungen zu lesen, oder ob du damit lieber wartest, bis du deine eigenen Erfahrungen mit dieser Botschaft gemacht hast. Mein Weg hat mich gelehrt, meine eigenen inneren Erfahrungen liebevoll zu beschützen und sie nicht zu schnell denen anderer Menschen gegenüberzustellen.

Fühle, was die Botschaften und die Bilder dir sagen, und dann vertraue deiner eigenen inneren Bewegung und lass sie dich ein Stück weiter leiten in die Erneuerung oder Vertiefung deiner Freundschaft mit den Wesen der Natur in ein lang vergessenes und doch unbewusst schmerzlich vermisstes Glück von tief gefühlter Zugehörigkeit zu ihnen und zur Seele unserer geliebten Erde.

Es ist meine Vision, dass mit Hilfe dieser Botschaften viele Menschen den Zauber der Liebe der Naturgeister als Unterstützung für ihren Weg durch diese rauen Zeiten des Wandels auf unserem Planeten gewinnen. Es können Gemeinschaften von Menschen und Naturwesen entstehen, welche im jetzigen Übergang in eine neue Erdenzeit des Friedens und der Ursprünglichkeit tragend und unterstützend für die große Menschengemeinschaft wirken.

Begrüßung des Waldvolks

Wir grüßen euch, Gottes Kinder, die als Menschen auf Mutter Erde leben. Die Stimmen vieler Wesen verschiedener Völker der Anderswelt vereinen sich in diesen Worten für euch. Wir möchten euch Botschaften der Erinnerung, des Erwachens und der Freundschaft bringen, euch aufrufen, wieder gemeinsam mit uns Heiler und Hüter der Erde zu sein. Wir hüten die Wälder, die Pflanzen- und Tierwelt dieses Planeten, wie es das kosmische Gesetz der Achtung des freien Willens der Menschen zulässt.

Äußerlich mag es vielen von euch vorkommen, dass sich der Zustand der Erde verschlechtert. Wir können nachvollziehen, dass dieser Eindruck entstehen kann, wenn wir uns in euch hineinversetzen. Von uns aus betrachtet beinhalten die Unruhen und Veränderungen eine große Chance, denn vieles von Menschen aus begrenztem Wissen und Entfremdung von der Erde als lebendiges, beseeltes Wesen Erschaffene zerfällt nun oder kommt an seine Grenzen.

Die menschlichen Kulturen haben sich Strukturen der Versorgung, des Lernens und des Zusammenlebens erschaffen, die euch eine gewisse Sicherheit gaben. Nun wird an vielen Stellen offensichtlich, dass viele dieser Einrichtungen das Leben der Erde und damit auch das Leben von euch selbst als Teil des Wesens Erde verletzen.

Das musste für eine Zeit so sein. Es war eine Notwendigkeit der Entwicklung. Und nun steht der nächste Schritt des Erwachens der Seele von Menschen und Erde an: Das Erschaffene loszulassen und aus dem Erkennen des immer lauteren Rufs der Seele, aus ihrer Sehnsucht nach Frieden und Harmonie, aus Mitgefühl und Liebe zur Erde neue Strukturen und Einrichtungen für die Menschengemeinschaften zu erschaffen.

Wenn ihr euch dafür entscheidet, können wir euch dabei mit unserer innigen Verbindung zur Seele der Erde und unseren Fähigkeiten zur Seite stehen. Jeder Mensch, der sich dazu gerufen fühlt, wird eine unterschiedlich lange Zeit benötigen, sich auf uns einzuschwingen. Es bedeutet für euch eine Art innere Umkehr, weil ihr durch eure westliche Kultur sehr gewohnt seid, euren Verstand zu benutzen, um Lösungen zu finden. Über den Verstand werdet ihr keinen Kontakt zu uns finden. Wir sagen das nicht als Abwertung des Instruments Verstand, sondern weil das, was uns verbindet, in anderen Bereichen der Seele zu finden ist.

Wer dazu bereit ist, findet in den Botschaften Hinweise, wie dieses Einschwingen und Verbinden geschehen kann. Jede Botschaft beinhaltet einen kleinen inneren Schritt zurück in die Liebe, die uns verbindet und in eine neue Zeit des Friedens trägt.

Feiert jede kleine Erinnerung des Herzens! Habt Geduld und Mitgefühl mit euch selbst. Jeder eurer Schritte ist so wertvoll und wird von uns gesehen und geehrt.

Erwachen

Freude

Der göttliche Lebensatem beinhaltet die himmlische Freude. Allein die Lebendigkeit in dir selbst und um dich herum zu fühlen, kann dir das Gefühl dieser bedingungslosen Freude schenken.

*

Es ist unsere Aufgabe, den Lebensatem der Quelle zu bündeln und einzubetten, wo er gebraucht wird. So konnten wir euch in alten Zeiten unterstützen, auch in euren festeren Körpern diese ursprüngliche Freude zu empfinden. Ihr wart auf diese Hilfe angewiesen, da euer ganzes System noch nicht so weit war, euch bewusste Gefühle zu vermitteln. Euer Körper und Energiesystem sind nun in der Lage, eurem Bewusstsein eine große Vielfalt von Emotionen zu vermitteln. Doch durch eure Prägung auf den Verstand, die Fokussierung auf die äußeren Wahrnehmungen und den viel Energie benötigenden physischen Körper fühlt ihr die himmlische Freude nur selten. Ahnst du manchmal, wie viel mehr Freude du empfinden könntest, einfach nur so?

Gern würden wir euch dabei wieder unterstützen. Für diese Rückkehr an eure Seite benötigen wir eine Brücke aus Vertrauen, die Anerkennung und Heilung unserer gemeinsamen Vergangenheit und einen Raum, der uns Schutz, Ehrung und Achtung bietet. Durch die Arbeit mit diesem Buch wirkst du mit, einen solchen Platz in der Schwingung eurer Menschenwelt zu erschaffen.

Fühle die Freude, die Dankbarkeit und den Segen, mit dem wir beantworten, was du uns aus deinem Herzen sendest.

***

Für mich hat Freude ganz viel mit Erdung zu tun. Vor einigen Jahren erhielt ich durch ein Medium, dem ich aus tiefstem Herzen vertraute, die persönliche Botschaft, dass für meine Erdung und Stabilität ein noch tieferes Erleben der Natur nötig wäre. Ich begann, das sofort umzusetzen, indem ich bei den Spaziergängen mit unserem Hund immer mal stehenblieb, mich an einem schönen Ort hinsetzte oder ins Gras legte und in Ruhe mit allen Sinnen wahrnahm. Ich ließ die Eindrücke tief eindringen. Manchmal sprach ich innerlich Worte der Liebe und der Anerkennung für die in der Natur wirkenden Wesen.

Immer öfter stellte ich fest, dass dies Freude in mir zum Schwingen brachte, unerklärliche Freude, als ob die Wolken, die Bäume, das Spiel von Sonne und Schatten mir etwas erzählten, was am Kopf vorbei direkt im Herzen ankam und mir Freude schenkte. Ich finde, Freude ist eine sehr starke Schwingung, die vieles beinhaltet: Dankbarkeit, Harmonie, Heilung, Kraft und Zuversicht.

Dem Leben dienen

Diene dem Leben und freue dich daran. Genieße, was du tust, und vergiss dich selbst darin wie ein Kind im Spiel.

*

Jedes Wesen kann so, wie es jetzt ist, und genau dort, wo es jetzt ist, etwas geben, das Leben zu fördern und zu schützen. Dazu musst du nicht lange nachdenken oder andere befragen, was zu tun ist, denn du wurdest als wunderbare Bereicherung dieses Universums erschaffen.

Ihr habt das Denken sehr entwickelt, ihm viel Raum in eurem Leben gegeben. Aber es ist ein Werkzeug, das Meisterschaft verlangt, bis die Seele vermag, es im Dienste des Lebens einzusetzen. Bis diese erlangt ist, steht ein Mensch sich mit seiner Art zu denken oft selbst im Weg oder denkt sogar Gedanken, die sein Leben verdunkeln und ihn von der Verbundenheit mit anderen Wesen und sogar dem Kontakt mit der eigenen Seele abschneiden. Wir können diese Auswirkungen wahrnehmen und für die sensitiveren Naturgeister unter uns ist dieser Anblick nur schwer zu ertragen.

Schau in die Natur, wie jede Pflanze an ihrem Platz auf ihre Weise nach besten Kräften wächst und versucht, zu blühen. Wie wäre es, wenn du das Denken immer wieder beiseitelegst wie ein Musikinstrument nach dem Üben und einfach mit Freude etwas Naheliegendes tust, um für die Wesen um dich herum da zu sein, ihnen zu helfen, Freude zu bereiten, ein Lächeln auf ihr Gesicht zu zaubern?

Wenn du so verstehst, dich unmittelbar und leicht ins Leben und seinen Fluss des Gebens und Nehmens einzufügen, kannst du gut beobachten, wann deine Gedanken ihn fördern oder hemmen. Das Denken benötigt einen Lenker, der es leitet: Dein liebevolles, freudig dem Dienst am Leben hingegebenes Herz. Wie soll es sonst lernen, sich harmonisch in die Welt einzufügen?

Bist du bereit, dein Denken beiseitezulegen, um unmittelbar zu fühlen, zu erfahren, dich davon berühren zu lassen, wie wir dem Leben der Erde und gern auch deiner erwachenden Seele dienen?

Wenn es dir Freude macht, kannst du, nachdem du einige solche Erfahrungen gemacht hast, über sie nachdenken. Doch halte dein Denken achtsam zurück, bis du einige Erfahrungen gesammelt hast. Sammle diese neuen Momente, die dein Bewusstsein erweitern, als kostbare Schätze in deinem Herzen. Das Verstehen kommt irgendwann wie von selbst dazu, wenn es die richtige Zeit ist.

***

Als ich über dreißig Jahre alt war, erkannte ich, wie sehr meine Familie und damit auch ich durch die Weltkriege geprägt waren, durch die Erfahrung, dass so ein Krieg einem von einem Tag auf den anderen alles nehmen kann, was man besitzt oder aufgebaut hat. Deswegen wurden Wissen, künstlerische und intellektuelle Fähigkeiten bei uns sehr hoch geschätzt. Sie sind etwas, was äußere Gewalt uns nicht wegnehmen kann, doch sie sind auch mit hohen Ansprüchen verbunden. Fähigkeiten müssen geübt, Wissen durch Lesen und Lernen lebendig gehalten werden. Für mich war das, bis ich Anfang dreißig war, selbstverständlich. Erst als ich meine Kinder bekam und damit für Jahre diesen Ansprüchen nicht mehr gerecht werden konnte, begann ich, das mit größerem Abstand zu sehen, bemerkte die starke Identifikation mit diesen Schätzen und das mangelnde Verständnis für andere Menschen, denen Wissen und Kunst nicht so wichtig waren. Denn durch die Kinder wurde auch mir anderes wichtiger: Die Sorge für sie und für Vertrauen und Harmonie in meiner eignen Familie.

Heute sehe ich es so, dass dadurch eine Anspannung von mir abgefallen ist. Wissen und Können sind mir weiter wertvoll, doch ich denke nicht mehr, dass sie mich ausmachen. Dieses Jahr hatte ich eine lange Unterhaltung mit einem sehr nachdenklichen Kollegen, der sich selbst als Atheist bezeichnet. Gott und Naturgeister gehören für ihn ins Reich der Märchen. Aber er hat viel Erfahrung mit dem Denken gesammelt und wir stellten fest, dass wir beide für uns zu der Erkenntnis gekommen sind, dass unser Denken unser Schicksal bestimmt und dass Menschen oft das eigene Denken schwer ertragen können, sich wie gezwungen fühlen, bestimmte Schlüsse zu ziehen, die sie seelisch sehr bedrücken.

Ich kann diese Art Zwang so gut nachvollziehen. So lange habe ich auch versucht, mein Leben rein aus dem Denken heraus zu steuern, doch mein Körper und mein Herz signalisierten mir, dass das so nicht funktioniert, dass ich mich stresse, meinem Wesen nicht gerecht werde. Heute kann ich ganz klar sehen, dass das so war, weil ich bestimmte Denkmuster und damit auch das entsprechende Verhalten als selbstverständlich übernommen hatte. Diese passten zum Beispiel teilweise nicht zu meiner sensitiven Veranlagung oder es traten Lebenssituationen ein, in denen sie nicht hilfreich waren.

Was half mir, das zu verändern? Die Erinnerungen meines Herzens an Jesus und die Lichtfamilie. Sie führten mich letztlich dahin, mir zu erlauben, in der Liebe zu ruhen, einfach zu sein, zu fühlen, mich im Sein und ihrer Gegenwart geborgen und im Frieden zu fühlen, egal, was in meinem Leben geschah. So entstand langsam ein Raum in mir, von dem aus ich in Ruhe betrachten konnte, welche Gedanken mir nicht guttaten, welche mir den kostbaren Frieden nahmen, den diese Liebe mir schenkte. Dieser Raum und die energetische Unterstützung, die ich dort bekomme, erlauben mir, Gedanken tatsächlich loszulassen und neu zu wählen.

Jetzt fühle ich mich mit dem Denken viel freier und ich finde, so sollte es auch sein. Wie soll sonst Schönes und Harmonisches entstehen? Denken ist ein Schöpferinstrument, das wir in den Händen halten. Wir *können* es gebrauchen. Doch ich finde es am schönsten, wenn ich mich dabei frei fühle und es auch sein lassen kann, weil ich weiß und fühle, dass ich auch, ohne dies und jenes zu verstehen und durchdenken zu können, wunderbar in die Liebesnetze des Lebens eingebettet bin.

Kreativer Ausdruck

Hast du heute schon etwas genauso getan, wie es sich für dich stimmig anfühlte?

*

Es gibt unendlich viele Möglichkeiten, das Innere zum Ausdruck zu bringen. Entdecke, welche dir besonders liegen und Freude bereiten! Manchmal ist es einfach eine kleine Geste, die rein und unmittelbar eine Herzensbewegung zum Ausdruck bringt. Manchmal ist es ein Lied oder ein freundliches Wort. Schenke deinen ureigenen Ausdruck der Welt und wisse: Wir weben ihn in die Netze der Liebe und des Lebens dieser Erde ein. Du bist Teil des Ganzen. Wir können dir helfen, das ganz tief und unmittelbar zu fühlen.

***

Bei Kreativität muss man nicht immer gleich an Kunst denken. Allein schon bewusst zu gehen, so zu gehen, wie es dem Innern entspricht, kann etwas so Schönes sein! Schritt für Schritt bringt deine Bewegung dein Inneres zum Ausdruck, verströmt Energien, die die Wesen, das Leben um dich herum berühren. Es entsteht ein Geben und Nehmen, ein Fluss des Austauschs von Energien. Wo kann man das besser ausprobieren und genießen als in der Natur, wo keine anderen Menschen sind, die dich dabei beobachten oder beurteilen können?

Auch dadurch näherst du dich den Naturwesen an, denn sie leben den Ausdruck ihres Wesens sehr kreativ, spielerisch, nach menschlichen Maßstäben ungezwungen. Die oft ungeschriebenen Gesetze, nach denen wir Menschen uns bewegen, kleiden und sprechen, sind ihnen fremd. Die

Annäherung zwischen unseren Welten wird ganz sicher auch unser Leben bunter und spielerischer machen. Die universellen Gesetze beinhalten keine Kleiderordnung oder ähnliche Vorschriften. Erwachen bedeutet für mich auch, dass ich freudig zum Ausdruck bringe, was ich fühle und wer ich bin, weil ich weiß, dass ich ein geliebter, wertvoller Teil des großen Ganzen bin, in das ich mich leicht und natürlich einfüge.

Umgeben von Natur hat sich mein Wesen oft weit ausgedehnt, was ich mir unter Menschen viel schwerer erlauben konnte. Und nach und nach habe ich immer mehr davon in meinen Alltag unter den Menschen mitgebracht.

Mittlerweile habe ich manchmal das Gefühl, dass ich auch *die Natur selbst* mitbringe. Manchmal bleibt lange um mich herum ein Energiefeld bestehen, das mich auch unter Menschen umgibt, dass ich mich dort genauso gelöst und geborgen fühlen kann wie im Wald.

Schöpferkraft

Erwachen bedeutet auch, die Schöpferkraft in dir anzuerkennen, sie zu entdecken und mit ihr zu wirken. Das Verändern oder Neuerschaffen von Ritualen ist hierfür eine Möglichkeit, die du nutzen kannst.

*

Das Leben in Raum und Zeit besteht aus Ritualen oder, mit anderen Worten beschrieben, aus Gewohnheiten, was Wesen wann und auf welche Weise tun. Wir wählen das Wort *Ritual*, weil wir wissen, dass bei vielen von euch Gewohnheiten als schwer veränderbar gelten. Es ist auch gut, Respekt vor bestehenden Ritualen zu haben, denn sie tragen das Leben der Gemeinschaften.

Und doch kannst du deine innere Macht entdecken, wenn du in deinem persönlichen Bereich beginnst, kleine Veränderungen vorzunehmen. Schon äußerlich ganz kleine können so viel für dich verändern!

Hier ein Beispiel: Für unseren Blick sieht es so aus, als würde das Leben der Menschen aus ihren Gedanken entstehen. Was ihr nicht für möglich haltet, kann nicht entstehen. Du könntest einen Gedanken wählen, von dem du weißt, dass er dir nicht gut tut, weil du bemerkst, wie er dein Herz beschwert, und ihn durch einen anderen ersetzen, der es höher und freier schlagen lässt. Das wird mit einem Mal nicht getan sein. Um diese Veränderung zu manifestieren, könntest du ein kleines Ritual kreieren, ganz so, wie es dir Freude macht. Entwirf zum Beispiel ein einfaches Zeichen, das den neuen Gedanken zum Ausdruck bringt, und zeichne es jeden Morgen beim Aufstehen dreimal auf deinen Puls am linken Handgelenk. Beobachte, was geschieht.

Freue dich über deine Macht, feiere sie!

***

Rituale sind eines meiner Lieblingsthemen! Für mich liegt darin so ein riesiges Potenzial, sich kreativ auszudrücken und Veränderung zu bewirken. Ich habe ganz klein mit dem Ändern von Denkgewohnheiten oder kleinen Veränderungen an meinem Tagesablauf angefangen. Als die Erinnerungen an Jesus und meine Lichtfamilie kamen, war mir schnell klar, dass ich dieser Verbundenheit Platz in meinem Leben geben möchte, und dass ich das selbst bewirken muss. Sie warteten auf meine Antwort. Mein Leben und mein Denken sind mein Reich. Die Abläufe, Rhythmen und Inhalte meines Lebens wurden und werden viel davon bestimmt, dass ich Teil des Menschenkollektivs und dieser Zivilisation bin. Wenn ich mir nicht ganz eigene Rituale erschaffe und regelmäßig lebe, werden diese wunderbaren Erfahrungen der Liebe zu einer bloßen Erinnerung.

Ich habe in meinem Leben Menschen getroffen, die besondere spirituelle Fähigkeiten hatten, zum Beispiel das Empfangen von inneren Bildern oder die Fähigkeit, sich tief zu versenken und zu entspannen. In einigen wenigen persönlichen Gesprächen mit solchen Menschen erfuhr ich, dass auch sie es als Herausforderung empfinden, den Frieden der Meditation oder das besondere Wissen, das sie abrufen können, in den Alltag einfließen zu lassen.

Wir haben diese Macht! Und durch das kreative, bewusste Nutzen von Ritualen können wir anfangen, sie zu entdecken und zu nutzen, unser Leben zu dem Leben werden zu lassen, das wir uns ersehnen. Ich hoffe innig, dass dieses Buch dich dazu ermutigt und anregt. Natürlich besteht die Gefahr, dass wir zu viel auf einmal ändern wollen und dann frustriert sind. Ich selbst habe durch Schmerzen gelernt, mein eigenes Maß zu finden, mich dabei nicht an anderen zu orientieren. Wenn eine Veränderung, die ich anstrebte, Druck und Unruhe in mir bewirkte, dann war sie nicht richtig bemessen und ich habe etwas anderes probiert. Denn solch ein Ritual ist für *mich*, für das Wohl *meiner Seele* da, und nicht umgedreht.

Dann gibt es noch die *großen Rituale*, die man nur einmal macht, wie zum Beispiel eine Hochzeit. Als ich 2021 wirklich wirklich begriffen hatte, dass ich meine Lichtfamilie wiedergefunden habe, habe ich ein einmaliges, besonders schönes Ritual gemacht, zu dem ich viele Lichtwesen und auch Seelen als Gäste einlud und mich in ihrer Gegenwart zu meiner Zugehörigkeit bekannte. Ich hatte einfach das Gefühl, dass das richtig und wichtig war und mir helfen würde, mein Leben in Raum und Zeit wieder mit ihrem zu verbinden. Und mir war auch klar, dass sie meine Zusage und Verlässlichkeit brauchten, um ins Menschenreich oder, anders ausgedrückt, in die Schwingung der Menschenwelt einzutreten.

Loslassen

Nutze deine Kreativität und Verbindung mit den Elementen, um loszulassen, was dich belastet.

*

Manche Menschen denken gerne nach, warum etwas so ist, wie es ist. Aber um sich zu befreien, ist das nicht nötig. Es ist sogar oft hilfreich, dieses Fragen loszulassen und einfach etwas zu tun, was dich unterstützt, die Last abzugeben. Du kannst das auch in deiner inneren Welt tun. Wir unterstützen dich gern dabei, wenn du uns rufst.

Hier ein Beispiel: Wenn es dir nicht gut geht, du gar nicht weißt, wie das kommt, und du statt des Grübelns darüber lieber etwas tun möchtest, damit es dir so bald wie möglich besser geht, dann atme dreimal ruhig ein und aus. Fühle dabei, was du fühlst, erkenne das an und bemerke auch, dass du einerseits der Fühlende und andererseits auch der Beobachtende bist. Frage dich, den Teil in dir, dem es nicht gut geht, was er braucht. Diese ganz allgemeine Frage ist manchmal gar nicht so einfach zu beantworten. Deswegen könnte es hilfreich sein, konkreter zu fragen, welches Element du zu deiner Unterstützung brauchst: Erde, Wasser, Luft oder Feuer.

An welchem Ort in der Natur wärst du jetzt gern, um die Wirkung dieses Elements so zu fühlen, wie du es gerade brauchst? Im Wald, auf einer Wiese, im Gebirge, an einem Wasserfall, Bach, See oder Meer?

Wenn du diese Antworten hast, dann erschaffe dir mit deiner Phantasie diesen Ort und erlebe und genieße ihn für zehn bis fünfzehn Minuten in vollen Zügen. Denn manchmal wird es nicht möglich sein, das, was du gerade brauchst, genau jetzt im Außen zu finden. Vertraue einfach darauf, dass wir und die Elementarwesen dich dabei unterstützen, wenn du das wünschst. Vielleicht möchtest du dich danach noch auf eine Wiese in die Sonne oder in den Schatten eines Baumes legen und die Wirkung deiner inneren Arbeit nachklingen lassen.

***

Zu diesem Thema würde ich gern ein ganzes Buch schreiben. So oft habe ich gelesen oder in Channelings gehört, dass wir alles, was wir brauchen, in uns tragen. Doch unter Umständen dauert es Zeit und braucht einige Geduld von uns, es freizulegen und zu entdecken. Bei mir war das so. 2003 ging es mir nicht gut und ich besuchte ein Jahr lang regelmäßig einen Therapeuten. Er riet mir, mir einen inneren Ort zu erschaffen, an dem ich mich sicher und geborgen fühlte. Ich versuchte es ehrlich, denn ich wünschte mir so etwas sehr. Aber zu dem Zeitpunkt war es mir schier unmöglich. Ich fand dort kaum einen Moment Frieden. Überallhin begleiteten mich die Gedanken und Gefühle, die mich damals quälten.

Ich wählte dann erst einmal den Weg, mir physisch etwas Gutes zu tun, was mich entspannte und ablenkte. Über zehn Jahre später gelang es dann besser. Zum einen sicher, weil ich damals anfing, Gott und die Engel um Hilfe dabei zu bitten, und weil der Alltag mit Arbeit und drei Kindern auch danach rief, dass ich lernte, mich schnell zu entspannen und regenerieren. Aber ich hatte in den zehn Jahren auch etwas mehr Vertrauen und Selbstliebe entwickelt und war damit auch geduldiger und ausdauernder in meinen erneuten Versuchen, diesen inneren Garten des Friedens zu erschaffen.

Das Netz des Lebens

Fein sind die Energien der Netze des Lebens. Du kannst dich jederzeit mit uns verbinden, wenn du dich auf diese Schwingungen in dir selbst einstimmst und fühlst, wie auch dein Körper von ihnen durchdrungen ist.

*

Jedes Lebewesen ist in eine feine Verbundenheit mit allem Leben eingewoben. Alles ist mit allem verbunden. Nichts geschieht getrennt voneinander. Es gibt Knotenpunkte, wo Energien konzentriert sind. Doch fein verteilen sich die Ströme, um alles zu durchdringen. Allein, wenn du dem deine Aufmerksamkeit schenkst oder deine Fantasie benutzt, um dir dieses Netz vorzustellen, stärkst du das Leben in dir und um dich herum.

Hab keine Scheu vor dieser Feinheit und Allverbundenheit. Der Verstand kann sie nicht erfassen. Es wird für ihn zu komplex. Deswegen vereinfachen die Menschen gern und entwickeln für den Verstand fassbare Modelle als Grundlage für ihre Arbeit mit der Natur. Aber allein wenn du diese Grenze bemerkst und respektierst, bedeutet das schon sehr viel.

Je mehr du diese feinen Energien in deinem eigenen Herzen entdeckst und leben lässt, wirst du sie auch um dich herum beginnen zu bemerken. So können wir nach und nach mehr in dein Bewusstsein und dein Leben eintreten, wenn du das möchtest.

***

Ich habe mit den Jahrzehnten gelernt, der ganz feinen, zarten Stimme meines Herzens zu vertrauen. Sie sprach selten, schwieg oft lange. Heute weiß ich: Sie brauchte mein Vertrauen, meine Zuwendung und Fürsorge. Sie fühlte sich anfangs fremd in meinem Leben und war sich nicht sicher, ob sie willkommen war. Die ersten Male bin ich ihr probeweise gefolgt. Damit wuchs dann mein Vertrauen in sie.

Heute ist es Teil meines täglichen Lebens, ihr zu sagen, dass sie mein größter Schatz ist. Ich mache das zum Beispiel, indem ich mich der vielen liebenden Wesen erinnere, in deren Liebe ich wie in ein Netz eingebettet bin. Eine vollständige Aufzählung ist nicht nötig. Alles ist so miteinander verbunden, dass nach einer Weile das Gefühl entsteht: »Ihr seid da! Alle sind da! Ich bin (natürlich) nicht allein! Das wird ein wunderbarer Tag heute! Geht gar nicht anders!«

So fühlt sie sich wohl, habe ich mit der Zeit herausgefunden, und beschenkt mich mit Kreativität, Lebensfreude und ihren wertvollen Hinweisen.

Das Wesen Erde

Die Erde ist ein Lebewesen und hat eine Seele. Sprich mit ihr.

*

So wie du in deinem Innern mit der göttlichen Quelle verbunden bist und mit ihr sprechen kannst, kannst du es auch mit dem Wesen Erde tun. Sie hat viele Gesichter und wird zu dir auf einzigartige Weise sprechen. Deine Seele ist einzigartig. Doch in vielen Aspekten bist du ein Teil von ihr.

Wenn du dieses Gespräch beginnen möchtest, suche dir einen ruhigen Ort in der Natur, an dem du sie gerne fühlst. Vielleicht einen Baum, unter dem du öfter schon dankbar die Schönheit, die Würde, die Lebendigkeit, die Heilkraft deines Planeten gefühlt hast? Fühle sie mit ihren Attributen unter dir, über dir und um dich herum. Fühle sie auch in dir, wie du Teil ihres vielfältigen Lebens bist. Mach dir klar, dass du dich ihr anvertraut hast und sie dich ebenso mit Vertrauen aufgenommen hat. Dann reich ihr aus dem Herzen heraus deine Hände und schaue ihr in die Augen. Tu das einfach in der Gewissheit, dass sie nun vor dir steht. Nimm tief auf, was du nun fühlst und siehst. Vielleicht erscheint sie dir als Mutter – oder eher als Schwester? Es gibt hier kein Richtig oder Falsch. Jedes Wort deiner Seele ist wahr. Lass Worte der Liebe sich in deinem Inneren bilden und sprich sie zu ihr.

Wiederhole dies in einem für dich passenden Rhythmus. Es wird dir Geborgenheit und Sicherheit für die bewegten Zeiten schenken, die begonnen haben. Egal, was geschieht und was andere Menschen sagen: Du kannst so wieder beginnen zu fühlen, dass du hier willkommen bist.

Du wirst, wenn du diesen Weg verfolgst, bemerken, dass Mutter Erde beginnt, mit dir zu sprechen, dich zu leiten. Sie kann dir nun in vielen Situationen, oft mit oder durch uns helfen, dass du Auswege findest, wo du vorher aus dem Gefühl der Vereinzelung heraus keine sehen konntest.

***

Mir wurde vor Jahren bewusst, dass ich mir selbst nur sehr schwer vergeben kann. Immer wieder bemerkte ich diese Strenge, auch nachdem ich den Weg des Erwachens gegangen war und doch in so vielen Momenten gefühlt und begriffen hatte, dass ich im Kern ein wunderbares, liebendes Lichtwesen bin. Diese Härte behinderte mich immer wieder sehr. Ich fand Hilfe in einer Meditation mit Shiva, die ich oft wiederholte. Sie dauerte aber dreißig Minuten und das war für meinen Alltag auf die Dauer zu lange. Ich merkte, dass ich das irgendwie handlicher in meinen Tagesablauf einbauen musste, und schnell war die Idee dafür da. Ich fügte die innere Erinnerung dort in meinen Morgen ein, wo ich innehalte, die Seele der Erde zu spüren: *»Ich bin ein liebendes Wesen. Ich vertraue mir.«* Und schon beim ersten Mal schien mir, dass wir diese Worte gemeinsam sprachen. Und so fügte ich noch hinzu: *»Ich fühle dich, du liebendes Wesen. Ich vertraue dir.«*

Heute morgen kam mir dabei eine Vision: Ich dachte an die neue Erde, die sich komplett anders anfühlen wird, und stellte mir vor, wie manche Menschen dann fragen würden: »Was ist geschehen und warum?«

Wie sie dann vielleicht in ihrem Inneren deutlich die Antwort hören und fühlen würden: »Liebes Menschenkind, das ist meine Ursprünglichkeit. Ich wollte wieder ganz und gar mein wahres Wesen leben und mit euch allen in die liebende Gemeinschaft des Universums zurückkehren. Nun ist es geschehen. Ich habe mich bemüht, dass es für euch Menschen so sanft wie möglich geschieht. Wie gefällt es dir? Kannst du dich mit mir freuen?«

Familie

Wie ihr leben auch wir in Familien zusammen, in kleineren Gruppen, in denen wir einander als Seelen kennen und aufeinander achten.

*

Es gibt kaum Worte dafür, was diese Zugehörigkeit für die Einzelnen bedeutet. Alles ist so gefügt und verbunden, dass das einzelne Wesen und auch besonders innige Beziehungen darin geschützt und getragen werden und sich in ihrer größten Schönheit und Kraft entfalten können.

Es wird der Moment für dich kommen, in dem wir deine Zuwendung und dein Vertrauen damit beantworten, dass wir dich etwas von unserem Miteinander fühlen lassen. Vielleicht in der Nacht in einem Traum oder in einem Moment der Versenkung oder eines Tagtraums. Bei euch können das tiefe Vergessen der Seele, manche kollektive Auffassungen und tiefe Verletzungen verschleiern, was dich in den lichten Tiefen mit deinen Familienangehörigen verbindet. Hier ist ein Erwachen nötig, ein Durchschauen, euer bewusstes Durchdringen dieser Schleier. Es ist eine große Aufgabe, die viel Mut, Ausdauer und letztlich hohe Meisterschaft des Lebens von euch verlangt. Respekt! Wir haben das Bewusstsein, was wir aneinander haben, nie verloren. So können wir euch jetzt mit sanften Klängen daran erinnern.

Die Nähe zu uns kann dir das Geschenk der Ahnung bringen, was Zugehörigkeit für dich bedeuten könnte.

***

Ich würde mich als Familienmensch bezeichnen. Es bedeutet mir unsagbar viel, eine Familie zu haben, einen Partner, der mich ausgewählt hat, Kinder, die mir anvertraut sind. Doch wieder und wieder ergreift es mich tief, wenn ich mir klarmache, dass meine Lichtfamilie mich durch und durch kennt und immer auf irgendeine Weise an meiner Seite war, an mich geglaubt hat und oft lange auf mein Erwachen gewartet hat. Sie wissen alles von mir, kennen jede meiner Inkarnationen, auch die, in denen ich nicht erwacht bin.

Wie ist diese Vorstellung für dich, dass es Wesen gibt, die dich so ganz und gar kennen? Kann sein, dass mir dieser Gedanke vor circa zwanzig bis dreißig Jahren Angst gemacht hätte, aber unser Wiedersehen geschah im rechten Moment, wo ich es mit offenem Herzen voller Freude annehmen konnte. Mir schenkt das erst das Gefühl, ganz mit allem, was ich bin, hier auf der Erde angekommen zu sein. Für mich ist dadurch die Erde wirklich ein Zuhause geworden, in dem ich mich sehr wohl, willkommen und geborgen fühle.

Vorher habe ich manchmal bemerkt, dass sich dieses Leben eher wie eine Station auf dem Weg oder eine Herausforderung anfühlte. Zum Beispiel in Momenten der Begegnung mit anderen Menschen, die sehr glücklich und erfüllt von ihrem Leben erzählten, spürte ich, dass ich selbst noch nicht so ein tiefes, glückliches Ja zu meinem Hiersein fühlen konnte. Ich kann mich an einen Moment erinnern, in dem mich das ganz dringende Bedürfnis ergriff, zu verstehen, was mir zum Glücklichsein noch fehlte.

Es war in der Bahn, auf dem Weg zur Arbeit. Ich schloss die Augen und fragte mich selbst sehr energisch und eindringlich: »Was brauchst du, um Himmelswillen, um dich hier so richtig wohl und angekommen zu fühlen?« Die Weisheit meiner Seele antwortete sofort mit einem Bild. Ich sah ganz viele Wesen um mich herum. *Richtig viele.* Das Bild leuchtete nicht so hell, warm und golden wie die Vision, die ich in dem Kapitel zur Entstehung des Buches beschreibe. Es war undeutlich. Ich konnte diese Antwort damals nicht verstehen und war etwas enttäuscht von ihr. Aber vergessen habe ich sie dennoch nicht. Heute würde ich die damalige Antwort meiner Seele so in Worte fassen: »Du vermisst viele Wesen, die dir nahestehen und dich als Seele durch und durch kennen.«

Sicher bin ich ein Mensch, für den Zugehörigkeit ein besonders wichtiges Thema ist. Aber ich bin überzeugt, dass es für jedes Wesen irgendwie eine Rolle spielt und dass ganz viel Schönes bewirkt wird, wenn der sanfte Zauber und die große Erfahrung der Naturgeister diese Felder in unseren Seelen berühren.

Universelle Gesetze

Fühlt die ursprünglichen universellen Gesetze nicht als etwas, das euch von außen auferlegt wurde! Fühlt sie in euch und lebt sie wie einen wunderschönen Tanz, den euer wahres Wesen mit anderen tanzen möchte.

*

Die universellen Gesetze sind tief in jedem Lebewesen verankert. Ihr seid durch eine Kultur geprägt, in der scheinbar andere Gesetze gelten. Das kommt dadurch, dass sehr oft in die Köpfe der Kinder schon ein Bild vom Menschenwesen gepflanzt wurde, das sie von sich selbst entfremdet. Je mehr ihr euer Herz von diesem fremden Bild befreit, umso mehr werdet ihr spüren, dass es euch ein unmittelbares Bedürfnis ist, Geben und Nehmen im Gleichgewicht zu halten und die Freiheit anderer Lebewesen zu respektieren.

Diese Gesetze bilden die Grundlage des Miteinanders im Universum. In dem Maße, wie ihr sie beachtet, können wir in ein Miteinander mit euch zurückkehren.

Eure Gesetze haben etwas Starres, weil sie dafür geschaffen sind, angeblich nur an Überleben und dem eigenen Vorteil interessierten Wesen Grenzen zu setzen, die ein Zusammenleben ermöglichen. Gerade dadurch manifestieren sie dieses verzerrte Selbstbild. Doch diese Art von Manifestation hat keinen Bestand, da sie nicht aus der Liebe stammt. Deswegen muss sie sich auflösen, wenn ihr durch das fremde Bild hindurch einander wieder als liebende Wesen seht, die aus einem Vergessen heraus in einer scheinbar fremdem Welt versuchen, ihren Weg zu sich selbst und ihren Platz im Leben zu finden.

***

Universelle Gesetze wirken einfach, ohne irgendwo aufgeschrieben zu sein. Zum Beispiel habe ich in meinem Leben nach und nach für mich das Gesetz entdeckt, dass die Liebe die stärkste Kraft ist. Kurzfristig kann es uns anders vorkommen, wenn unser Bewusstsein auf anderes gerichtet ist und wir Teil von Institutionen und gesellschaftlichen Ritualen sind, die aus einem anderen Bewusstsein heraus geschaffen wurden. Ich arbeite seit über zwei Jahrzehnten in einem Finanzinstitut. Am Anfang schien es mir dort auf anderes anzukommen: Wissen, gute Umgangsformen, Schnelligkeit, Beziehungen … Mittlerweile kann ich auch dort sehen, dass Menschen, die mit Liebe arbeiten und sprechen, auf Dauer den stetigsten Erfolg haben.

Die ursprüngliche Ordnung des Lebens ist, dass die Wesen mit der ausgedehntesten Liebe das meiste bewirken können. So funktioniert das Zusammenleben der Naturwesen und im Universum. So wird es in der neuen Erdenergie sein. Es wird einfach nicht funktionieren, etwas ohne Liebe zu bewirken. Das funktioniert nur mit Wesen, die nicht wissen, wer sie sind, und denen man deshalb Angst machen und sie unter Druck setzen kann. Wesen, die sich mit der Zeit so an diesen Mechanismus gewöhnen, dass sie sich selbst unter Druck setzen.

Wenn du einmal einen Elbenkönig, eine Feenkönigin oder ein Mitglied des Hohen Rates der Zwerge erlebst, wirst du unmittelbar verstehen, was ich meine. Sie sind, verkörpern und tragen diese Ordnung der Liebe. Und Schritt für Schritt führt die Erneuerung deiner Freundschaft mit den Naturgeistern dich in diese neue Welt. Zuerst entsteht sie in dir und nach und nach auch um dich herum, als wäre sie immer da gewesen, schon bevor die gesamte Erde in die neue Energie überwechselt.

Selbstvertrauen

Deine Seele mit ihrer Empfindsamkeit ist das Instrument, mit dem du uns wahrnehmen kannst. Lerne sie kennen, verstehen und ihren Botschaften vertrauen.

*

Vielleicht sagst du jetzt, dass das leicht gesagt ist, wenn man wie ihr in einer Welt lebt, wo das Innere oft ausgeblendet wird. Ja, ihr seid vielen kollektiven Täuschungen ausgesetzt, scheinbar zählt anderes mehr, wird mehr beachtet und behütet als die Blüte der Seele.

Wir achten und ehren euch sehr dafür, dass ihr es auf euch genommen habt, in eine solche Welt zu inkarnieren und damit so vieles in euch aufzunehmen, das das Licht in euch verdunkelt und einengt, ja einsperrt und vor euch selbst versteckt.

So wie ihr als Kinder lernt, euch mit euren Sinnen und Fähigkeiten in der äußeren Welt zurechtzufinden, könnt ihr auch die Welten eurer Seele wieder entdecken. Das ist eure Arbeit, bei der ihr sehr viel Hilfe bekommt, für die ihr euch jedoch wieder und wieder entscheiden müsst, da es auch viele Kräfte in und um euch gibt, die euch davon ablenken und gerade die ersten zarten Erlebnisse der Seele in sich selbst schnell verblassen und in den Hintergrund treten lassen. Wir wissen das von unseren Botschaftern in eurer Welt.

Verliert nicht den Mut, wenn ihr euch mal täuscht! Das gehört dazu. Nutzt kreativ eure Schöpferkraft in Ritualen, um den Kontakt mit eurer Seele und uns herzustellen und zu halten. Besondere Träume, tiefe Gefühle von Freude, Liebe und Geborgenheit werden euch ermutigen und Zuversicht geben. Im Seelenlicht findet ihr euch selbst und uns wieder. Dann endet die Illusion, dass es je eine Trennung gab.

***

Kennst du das? Du schlägst ein Buch auf und landest zufällig auf einer Seite, auf der ein Gesicht abgebildet ist, dessen Blick dir ins Herz dringt und dich an jemanden erinnert. Durch eine Lücke in den Wolken fällt auf einmal ein Sonnenstrahl, erleuchtet einen bestimmten Gegenstand in deinem Zimmer und du empfindest es als eine liebevolle, persönliche Botschaft. Oder bei einem Spaziergang mit trüben Gedanken, die gar nicht heller werden wollen, entdeckst du auf einmal eine Wolke, die wie ein Herz aussieht oder wie ein großer, fliegender Drache.

Ich kann dich nur ermutigen, diesen Botschaften zu vertrauen! Meiner Meinung nach kann man damit nichts falsch machen. Ich zum Beispiel liebe Jesus sehr. Und wenn mich etwas an ihn erinnert, sei es eine bestimmte Zahl, ein Gesicht, ein Bild oder ein Lied, dann nehme ich das als persönlichen Gruß von ihm und lasse meine Liebe fließen. Ich habe mir abgewöhnt, daran zu zweifeln. Was würde es mir auch bringen, wenn mir das ein anderer Mensch bestätigen würde? Ich habe mir irgendwann klargemacht, dass ich in meiner Beziehung zu ihm oder meiner Lichtfamilie nicht von anderen abhängig sein möchte. Und das hat von heute aus betrachtet so viel mehr Glück, Liebe und Verbundenheit in mein tägliches Leben gebracht.

Und noch etwas habe ich mir klargemacht: Die lichten Wesen nutzen jede Möglichkeit, jeden Atemzug des Vertrauens, um uns hier zu unterstützen. Ich meine, das gilt für Engel genauso wie für die mit mir verbundenen Naturgeister. Selbst wenn der Sonnenstrahl, der Vogelgesang oder die Wolke tatsächlich nicht ihre Botschaft wären: Die sich im Herzen ausdehnende Liebe und Freude beantworten sie tausendfach. Glaubst du das nicht? Wenn dein Herz schon mal von Liebe übergeflossen ist, könntest du es verstehen. Die Lichtwesen teilen gern, wovon sie in Fülle haben. Sie haben nicht vergessen, wer sie sind, woher sie kommen und was sie in sich tragen. Und auch wenn sie vielleicht einiges nicht verstehen, was Menschen tun, haben sie doch Mitgefühl mit uns. Und viele von ihnen sehen es als ihre geliebte Aufgabe, den Menschen auf ihrem Weg beizustehen.

Wirklichkeit

Manches in eurer Welt ist sehr laut und doch ist es aus unserer Sicht nicht wirklich.

*

Du hast sicher schon oft erlebt, dass Menschen, die scheinbar mit großer Kraft und lauter Stimme auftreten und sprechen, ja, drohen und äußere Macht ausüben, bei einem Blick hinter das äußere Auftreten eher unruhig und unsicher auf dich wirkten.

Beim Blick in die eigene Seele kann ähnliches geschehen: Hinter einer großen Emotion entdeckst du mit ruhiger, einfühlsamer Aufmerksamkeit oft ein verunsichertes inneres Kind, das vielleicht Trost oder Ruhe braucht oder einfach wahrgenommen und einbezogen werden möchte.

Das Feld von Wirklichkeit, in dem du uns findest, ist durch und durch von Stille, Weisheit, Liebe und Frieden geprägt. Das heißt nicht, dass wir niemals lachen und Spaß machen.

Hier ein Beispiel, wie du dir das vorstellen kannst: Wir feiern sehr gern Feste. Die meisten von uns lieben Musik und Tanz. Es ist wie bei euch: Wir sind verschiedene Völker mit verschiedenen Vorlieben. Aber wir würden niemals feiern, wenn es einem von uns nicht gut geht. Es ist uns unendlich wichtig, dass bei einem Fest alle Herzen höher schlagen, alle gemeinsam die Schönheit, die Musik und das Zusammensein genießen. Denn das Schönste dabei ist es für uns, die Wesen, mit denen das eigene Leben innig verbunden ist, in ihrer schönsten Freude strahlen zu sehen. Deswegen sorgen wir erst dafür, dass es allen gut geht, Unausgeglichenes ausgeglichen wird und Heilung geschieht.

Das Leben als Mensch ist eine große Schule für das Unterscheiden von Wirklichkeit und Illusion. Menschen, die sich immer wieder für Frieden und Mitgefühl entscheiden, die auf die Kraft bauen, die aus der Ruhe eines liebevollen Herzens kommt, leben mit der Zeit in einer anderen Wirklichkeit, die unserem Feld nahekommt.

***

Die Welten waren lange getrennt. Ich muss mich selbst auch immer wieder zur Geduld ermahnen. In den Zeiten der Trennung haben wir Menschen so viele Vorstellungen, Ansichten, ja, ganze Weltbilder entwickelt, die prägen, was wir als wirklich und als *Realität* empfinden. Manchmal kann ich diese vielen Gedanken sehr spüren, fast sehen wie kräftige Ranken, in denen wir wie in einem Dornröschenschloss eingeschlossen sind. Wir haben sie erschaffen oder übernommen. Sie sind für uns sehr wertvoll. Oft wurden sie in langen Lernprozessen gebildet und haben uns geholfen, uns hier zurechtzufinden, das Abenteuer Leben zu bewältigen. Deswegen verteidigen viele Menschen so leidenschaftlich ihre Ansichten.

Die Wirklichkeit, von der die Botschaft spricht, ist uns Menschen eigentlich nicht fremd. Wir sind auch Teil von ihr, nur wurde uns in der Schule nichts davon erzählt. In der Regel werden Menschen geschult, ihre Aufmerksamkeit auf die äußere Wahrnehmung und das Denken darüber zu richten. Ich merke bei meinen Kindern, dass sich das langsam ändert. Sie berichten immer wieder von einzelnen Lehrern, die sie ermutigen, mehr auf ihre Gefühle und Eingebungen zu achten als auf die Bewertungen und Urteile anderer Menschen. Durch solche Erlebnisse mit einigen Lehrern meiner Kinder kommt es mir vor, als sei im Vergleich zu meiner Schulzeit schon mehr Verständnis für Kreativität und Selbstgefühl vorhanden.

Die Quelle unserer Kreativität wird das *innere Kind* genannt. Es will selbst entdecken und erleben. Jahrelang nur aufnehmen, was andere herausgefunden haben, bedeutet praktisch, das Kind in eine Ecke zu verbannen. Es hört schon gern zu, wenn andere etwas von ihren Entdeckungen erzählen, aber es fühlt genau, wenn es davon genug hat und nun selbst Erfahrungen machen möchte. Mein inneres Kind hat zum Beispiel mit ganz deutlicher Gefühlssprache zu mir gesagt: »Ich will bitte nichts mehr über Naturwesen und Jesus *lesen*. Okay, vielleicht manchmal ein bisschen, kann sein. Ich will sie jetzt *selbst erleben*!« Dass ich damit in ein Feld eintrete, wo ich auf mich selbst gestellt bin, meinen eigenen Seelenwahrnehmungen vertrauen muss, erschreckt vielleicht andere Anteile in mir etwas, jedoch nicht das innere Kind.

Worte

Versprich uns nichts, was du nicht halten kannst.

*

Irgendwann werden wir wieder miteinander sprechen können. Wir verstehen deine Sprache. Und du wirst unsere verstehen können. Mach dir darum keine Gedanken.

Sprich zu uns. Wir verstehen dich. Sei bitte offen dafür, dass unsere Antworten auf anderen Wegen kommen. Das wird immer einen ganz individuellen Grund haben. Sehr viel kann ohne Worte gesagt und verstanden werden.

In vielen Fällen kann es sein, dass es zuerst am wichtigsten ist, dass dein Herz und auch deine Sinne im Körper uns fühlen lernen. Achte darauf, ob du ganz neue, dir bisher unbekannte Gefühle oder Empfindungen in deinem Körper hast. Vielleicht erinnerst du dich dann, Ähnliches schon in deiner Kindheit gefühlt zu haben. Das wird dir eine tiefe innere Sicherheit und auch Geborgenheit vermitteln. Nur über Worte wäre das nicht möglich.

Und gleichzeitig haben Worte eine große Macht. Fühlst du sie?

***

Ich habe von Familie und Freunden oft gesagt bekommen, dass ich »sehr empfindlich« sei. Bis heute empfinde ich den ironischen Umgang mit Worten als unangenehm. Mit der Zeit habe ich gelernt, meiner Familie ihren Spaß damit zu lassen. Gerade Teenager probieren gern alles Mögliche aus, was man mit Worten so anstellen kann.

Ich erlebe es so, dass Worte fast schon wie eine Handlung sind. Hier ein Beispiel: Wenn mir jemand sagt, dass er mir etwas schenken möchte, dann ist das für mich fast genauso, als ob ich das Geschenk schon erhalten hätte. Wenn der Mensch dann seine Zusage nicht einhält, fühlt es sich an, als würde mir das Geschenk wieder weggenommen werden. Das ist unangenehm und verwirrend. Klar, der Schmerz vergeht nach einer Weile. Aber gerade zu Beginn eines Kontaktes bin ich besonders sensitiv, wie mein Gegenüber mit Worten umgeht.

Andererseits habe ich aus Begeisterung auch schon zu schnell Dinge versprochen, die ich dann nicht halten konnte, und erlebt, wie unangenehm es war, mein Wort dann wieder zurücknehmen zu müssen. Meinen Freunden in der Anderswelt gegenüber bin ich einfach so achtsam wie mir irgend möglich ist, doch ich habe mit der Zeit auch viel von meiner anfänglichen Ängstlichkeit abgelegt, etwas falsch zu machen, und gelernt, auf ihre Liebe und Vergebung zu vertrauen.

Falls es dir auch so geht, dass dich immer wieder solche Ängstlichkeit packt, dann schau tiefer und sieh, dass dahinter deine tiefe Liebe und dein Respekt für die Naturwesen stehen, deine Absicht, eine vertrauensvolle Freundschaft mit ihnen entstehen zu lassen, und wisse, dass sie genau dieses in dir sehen. Sie nehmen das Tiefere wahr, nicht nur die Oberfläche.

Erinnerung

Erinnerung

Erlaube dir, dich an uns zu erinnern. Bitte deine Seele, die Erinnerungen an unsere gemeinsame Zeit heraufzuholen.

*

Du kannst das mit einem kleinen Ritual vor dem Einschlafen tun. Lass dir bei einem Spaziergang einen kleinen Stein von uns zeigen und lege ihn mit der Absicht der Erinnerung vor dem Einschlafen unter dein Kissen.

Oder nutze deine Fantasie und sieh uns neben dem Stamm eines Baumes stehen, bei dessen Anblick du in einem stillen, magischen Moment innehältst.

Du kannst dich von deiner Intuition auch zu Filmen oder Bildern führen lassen, die dein Herz tief und doch sanft und leise zum Schwingen bringen. Die Welt der Naturwesen und auch der Elbenvölker ist groß und vielfältig. Du wirst zu genau den Wesen geführt, die schon auf dich warten.

***

Meiner Erfahrung nach kommen Erinnerungen, wann und wie sie wollen. Oder, anders gesagt: Es ist die tiefere Weisheit meiner Seele, die entscheidet, wann ich bereit für eine Erinnerung bin. Aber durch das Befolgen der Hinweise dieser Botschaft kannst du deiner Seele Signale senden, dass du bereit bist. Vielleicht bringt die dann erst einmal Themen an die Oberfläche des Bewusstseins, die im Zusammenhang mit der Erinnerung stehen und erlöst werden wollen.

Bei mir war das zum Beispiel der Schmerz der Trennung der Dimensionen in Menschen- und Anderswelt und im Zusammenhang damit ein unbestimmtes, quälendes Schuldgefühl. Ich hatte viele Schritte der Vergebung zu gehen.

Lange konnte sich ein Teil von mir nicht vorstellen, dass die Naturwesen den Menschen und damit auch mir vergeben könnten. Mein Lieblingsbuch in Sachen Vergebung ist »Die Macht des Vergebens« von Eva Mozes Kor.[1] Sie war als Kind im Konzentrationslager für medizinische Experimenten missbraucht worden.

Es macht gar nichts, wenn die Bilder oder der Film nicht perfekt oder realistisch sind. Bei mir war es so, dass ich zum Beispiel beim Anschauen vom »Herrn der Ringe« oder verschiedenen Jesus-Filmen immer wieder bemerkte, wie mein Inneres die Filme kommentierte. Etwas in mir wusste genau, wie die Elben sind, wie Jesus ist, und sagte das beim Zuschauen sehr deutlich.

1 Kor, Eva Mozes; Eckert, Guido: Die Macht des Vergebens. Benveneto, 2016.

Sehnsucht

Erlaube dir, die Sehnsucht nach einer geeinten Welt zu fühlen, in der Menschen und Naturwesen wieder in Achtung und Frieden miteinander leben, sich ergänzen und aufeinander achtgeben.

*

In mancher Trauer und Verzweiflung über den augenblicklichen Zustand der Erde verbirgt sich die Sehnsucht nach Harmonie zwischen Mensch und Natur, nach dem reinen Zauber des ursprünglichen Lebens. Lass deine Sehnsucht in Bilder der neuen Welt fließen. Stell dir vor, wie es wäre, wenn die Kinder am Bach mit den Wasserwesen und Elfen spielen oder du im Wald eine Fee triffst, die dir als Austausch für eine kleine Gefälligkeit einen Rat gibt und dich segnet. Das ist eine Möglichkeit, wie Brücken entstehen, auf denen wir zurückkehren können. Es gibt viele andere.

Bewerte deine Sehnsucht als positive Kraft. Verleihe ihr heute schöpferisch Ausdruck. So veränderst du deine Welt und wirkst damit noch weit über das für dich Wahrnehmbare hinaus.

***

Dies ist ein Thema, das mir persönlich sehr am Herzen liegt. Jahrzehnte meines Lebens habe ich meine Sehnsucht negativ bewertet oder, anders ausgedrückt, ihr nicht tief und ruhig in die Augen geschaut. Mein Weg ins Erwachen hat mich gelehrt, dass Sehnsucht in allen Wesen als das Streben lebt, der göttlichen Quelle immer näher zu sein. Sie ist etwas ganz Natürliches und Wunderbares, eine Kraft, die uns voranträgt.

Im Kollektiv ist die Meinung verbreitet, dass Sehnsucht schwer auszuhalten ist. Ich habe das auch lange so gesehen und empfunden. Sie war immer mehr oder weniger mit dem selbsterzeugten Stress verbunden, dass ich nun etwas tun muss, schnell etwas in Ordnung bringen sollte. Zum Beispiel geriet ich als Mutter mit einem schreienden Baby anfangs schnell in Stress, dachte, dass etwas falsch sei und ich schnell etwas tun sollte, um das Kind zu beruhigen.

Aber mein neuer Blick auf die Sehnsucht gibt ihr mehr Raum, zu atmen. Manchmal spreche ich mit ihr und sage zum Beispiel: »Erzähl mir von dem Schönen, Wunderbaren, zu dem du hinstrebst! Male es in farbigen Bildern vor mein inneres Auge!« Und manchmal sage ich nur: »Danke, dass du da bist! Trag mich weiter, öffne mich tiefer für die Wunder dieses Universums!«

Probiere es mal aus. Es geht auch mit anderen intensiven Gefühlen. Wenn sie sich in einem Raum ruhiger, liebevoller Aufmerksamkeit aussprechen und ausdrücken dürfen, verlieren sie an Schärfe und offenbaren ihr tieferes Wesen, ihre kreative Kraft.

Hier ein Beispiel: Mir fiel nach vielen Wiederholungen auf, dass Kranksein für mich immer mit traurigen Gefühlen verbunden war. Ich dachte irgendwann: *Das muss doch eigentlich nicht sein, dass ich wegen einer Erkältung so traurig bin!* Also nahm ich mir Zeit, zu erforschen, was die Sehnsucht, die unerfüllten Wünsche waren, die sich darin meldeten. Daraus entstand eine wunderbare Fantasie, in der sich ein Teil meiner Seele aussprach, der sich wünschte, noch einmal ein Kind zu sein. Ich ließ mir ausmalen, welche Eltern dieser Teil sich wünschte, wie das Zuhause sein sollte, was für eine Kindheit er erleben wollte. Das war wunderbar belebend und heilend. Seitdem ist diese traurige Schwere in Verbindung mit körperlichem Angeschlagensein wie verschwunden. Stattdessen erinnere ich mich, wenn ich zum Beispiel erkältet bin, manchmal erneut an diese wunderschöne in der Fantasie geschaffene Kindheit und tauche noch einmal in die Bilder und Gefühle ein, die damit verbunden sind.

Der Elbenkönig

In unseren Völkern gibt es eine Hierarchie, die von allen anerkannt wird. Erkennst auch du Wesen als höherstehend an, weil du wahrnimmst, dass die Höhe und Macht ihrer Liebe, ihre große Erfahrung und Weisheit weit über deine eigene hinausgehen?

*

Von einem bestimmten Standpunkt aus gesehen ist es für euch ein Fortschritt gewesen, die meisten Monarchien in Europa abzuschaffen. Vielfach war es eine rein äußere Macht, die von euren Herrschern gelebt und oft missbraucht wurde. Auch sie waren inkarnierte Menschen, die vergessen hatten, wer sie waren.

Ihr habt nun die Freiheit, selbst zu entdecken und zu entscheiden, was für euch wahres Königtum ist. Durch den Schein äußerer Macht und Stärke lernt ihr, Erfahrung für Erfahrung hindurchzuschauen, wenn ihr euer ursprüngliches Wesen wieder fühlt und lebt. Denn erst euer erwachtes Herz lässt euch erkennen, wenn ein König vor euch steht.

Freue dich auf diesen Moment! Er wird kommen und dein Leben für immer verändern, denn wenn du dem Waldvolk die Hand reichst und es mit deinem liebenden Herzen in dein Leben einlädst, betrittst du seinen Bereich und damit sein Bewusstsein.

Der König ist als Hüter seines Volks auf besondere Weise mit der göttlichen Ordnung des Lebens und damit auch mit den lichten Netzen der jenseits von Raum und Zeit bestehenden Verbindungen aller Wesen verbunden. Die Begegnung mit ihm schenkt dir deshalb immer ein erhöhtes Bewusstsein für deinen Platz im Ganzen des Lebens und sie erhöht befreiend und heilend die Schwingung deiner Liebe.

Deswegen ist das Erscheinen eines unserer Könige immer ein Fest. Unsere Herzen schwingen dann höher und wir lassen diese Freude sich in der Schönheit von Klang, Farbe und Bewegung ausdrücken.

Der König bereitet dich vor, der Königin zu begegnen. Sie ist das Herz und das kostbarste, heiligste Gut eines Volkes.

***

Als ich das erste Mal in diesem Leben wieder vor meinem Elbenkönig stand, wusste ich noch nicht, dass ich zu ihm gehörte, und fühlte mich sehr schlecht. Das geschah 2020 bei einem Channeling des Mediums Sabine Sangitar. Ich fühlte eine riesige Last von Scham, Schuld und Nicht-Gut-Genug-Sein und hatte regelrecht Angst vor ihm wie vor einem strengen Lehrer früher in der Schule.

Heute weiß ich, dass ich genau die Energien fühlte, von denen er mich befreien wollte. Denn bei der Einweihung, die im Mittelpunkt des Channelings stand, fühlte ich, wie seine stark gebündelte Energie mich wie aus einem Betonpanzer befreite, aus dem ich dann nach vorn heraustreten konnte. Sofort änderten sich meine Gefühle: Ich fühlte Erleichterung und eine große Erschöpfung, und dass Wesen da waren, an denen ich mich anlehnen konnte.

Für mein Empfinden haben viele der alten Feenmärchen etwas Düsteres und Strenges. Ich glaube, das hat eher mit uns Menschen zu tun, mit den Menschen, die diese Geschichten erzählten, weil sie vermutlich in der Begegnung mit den lichten, edlen Wesen der Naturreiche sehr ihre eigenen Schattenseiten spürten. Lass dich davon nicht schrecken. Lass sie die Schatten auflösen, dass du befreit die wunderschönen, leichten, zarten und doch so mächtigen Energien spüren kannst, die diese edlen Wesen tragen und gerne mit Menschen teilen, die sich ihnen respektvoll zuwenden.

Vielfalt und Toleranz

Bei euch Menschen gibt es die verschiedensten Völker, die sich durch Aussehen, Sprache, Gewohnheiten und Religion unterscheiden. Auch wir sind auch sehr vielfältig, sogar noch vielfältiger als ihr in unserer Erscheinung.

*

Wir sind nicht auf eine bestimmte Art von Körper festgelegt und doch haben wir Vorlieben bei dem Körper, in dem wir uns zeigen können. Er ist ein Ausdruck unserer Interessen, Qualitäten, Fähigkeiten und Aufgaben. Es gibt keine Vorgaben, keine Kleiderordnung, und doch wirst du mit der Zeit Muster erkennen, weil sich in unseren Gemeinschaften Wesen zusammenfinden, die von ihren Energien und Aufgaben her zusammenpassen. Und diese Zusammengehörigkeit bringen wir mit genauso viel Freude zum Ausdruck wie unsere Individualität.

Bist du bereit für diese Vielfalt?

Fühlst du dich bereit, auch in einer für dich sehr ungewohnten Erscheinung das Wesen zu erkennen?

Vielleicht kannst du verstehen, dass von unserer Seite sehr viel Mut und Vertrauen zu einem Menschen benötigt wird, uns zu zeigen. Wir wissen, dass noch nicht so erfahrene Menschen leicht mit Angst und Abwehr auf Andersartigkeit reagieren.

Deswegen lasse dir und auch uns Zeit für die Annäherung. Vertraue auf unsere lichtvolle, liebevolle Absicht euch gegenüber, die wir zum Beispiel mit diesen Texten zum Ausdruck bringen. Vertraue auf das, was uns verbindet. Fühle es. Mache dir immer wieder klar, dass es viel mehr ist als du jetzt weißt und viel mehr wiegt als alles, was dir dein Verstand als fremd und trennend erscheinen lässt.

***

Das Universum ist so groß und voll von Leben in den verschiedensten Formen. Auch die Welt der Naturwesen ist vielfältig. Anfangs dachte ich, ich muss bei allen nachfragen, wie sie heißen und welchem Volk sie angehören. Aber im Gespräch mit meiner Begleiterin Aylin fand ich heraus, dass das nicht nötig ist, dass sie das auch nicht erwarten. Im Wiederentdecken der Welt der Naturgeister konzentriere ich mich auf meine engsten Begleiter und vertraue, dass sie mich an alles für mich Wichtige heranführen. Aylin sagte einmal, als ich von einer rätselhaften Begegnung erzählte: »Die Wesen wollen dir nur zeigen, dass du nicht alleine bist.« Ich sammle diese Erfahrungen als Kostbarkeiten und habe nicht den Anspruch, alle mit Namen versehen und einordnen zu können. Aber ich freue mich auch immer sehr, wenn ich nach einigem Sammeln etwas wieder erkennen und verstehen kann.

Diese Botschaften führen in eine Herzensverbindung mit den Naturgeistern. Wenn wir zuerst ihre Liebe fühlen und die Vielfalt ihrer Geschenke im Herz und auch im Körper spüren, stellt sich Toleranz ganz von selbst ein.

Lemuria

Erinnere dich an das Paradies, daran, wie schön das Leben auf der Erde war und sein kann! Erinnere dich, dass wir diese Erfahrung geteilt haben.

*

Menschen, die eine Verbindung zu uns fühlen, sind in der Regel seit Anbeginn der Zeit immer wieder inkarniert. Denn diese Seelen hat, wie uns, das Schicksal der Erde tief berührt und gerufen. Deswegen tragen sie die Erinnerung an einen paradiesischen Zustand auf Erden in sich. Er ist abgespeichert und kann besonders in der jetzigen Zeit wieder ins Bewusstsein kommen. Vielleicht zeigt sich das einfach in einer tiefen Zuversicht, dass dieser Planet ein guter Ort für alle seine Bewohner sein kann.

In dieser Zeit lebten wir Seite an Seite. Sieh dich umgeben von einer genau auf dich abgestimmten Gruppe von Wesen. Zeit und Raum können in dir eins werden. Es ist nur eine Veränderung des Standpunkts nötig, um scheinbar Vergangenes in dein Jetzt zu holen. Es liegt in deiner Hand. In deiner Seele ist der verbindende Mittelpunkt all dieser Erfahrungen. Ihr seid nur gewohnt, alles zeitlich hintereinander einzuordnen und es damit in eine innere Entfernung vom Jetzt zu bringen. Diese Gewohnheit könnt ihr ändern.

***

Ich sehe es so, dass die Naturwesen das Paradies, die Ursprünglichkeit des Lebens unserer Erde, für uns bewahrt haben, so gut es ihnen möglich war. Natürlich waren nicht nur sie es. Doch ihr Wirken ist dafür unverzichtbar und eine neue Erde ohne sie für mich nicht vorstellbar.

Was wir Menschen oft »unsere Realität« nennen, ist für meine Wahrnehmung aus bestimmten uns eingeprägten Gedankenmustern gewoben, in denen Energie pulsiert, *unsere* Energie! Es gibt ganz dicke Stränge wie:

»Du musst sterben und bist anfällig für Krankheit.«

»Ein Mensch muss schlafen, um morgens ausgeruht zu sein.«

»Du musst Nahrung zu dir nehmen und trinken.«

Dann gibt es, je nach Kultur und Familienhintergrund, auch noch Muster, die von Kultur zu Kultur und Familie zu Familie unterschiedlich sind:

»Das Essen muss so und so zubereitet werden.«

»Eine Frau sollte dies, ein Mann sollte jenes tun bzw. unterlassen.«

»Der Mensch muss leiden, um zu lernen.«

»Du brauchst viele Informationen, um richtig zu handeln.«

Ich habe die starke Energie in diesen Mustern immer gespürt, wenn ich aus irgendeinem Grund wie zufällig aus ihnen herausrutschte, weil ich in Situationen kam, in denen es zum Beispiel lange nichts zu Trinken gab, ich tagelang nicht schlafen konnte oder mein sofortiges Handeln gefragt war, obwohl ich fast keine Informationen hatte.

Mich hat mein Leben langsam die Absolutheit dieser Grundbausteine der menschlichen Kultur anders sehen gelehrt. Allein eine bis zwei dieser Annahmen mal für eine kleine Weile sanft und still wie einen riesigen Vorhang ein bisschen zur Seite zu schieben, ließ etwas von dem Paradies durchschimmern, das wir verlassen haben. Ich weiß jetzt: Je näher ich meinem ursprünglichen Wesen, der Quelle des Lebens in mir komme, umso freier fühle ich mich von diesen Gedankenmustern, desto mehr fühle ich die ursprüngliche Ordnung des Lebens und mich als Teil von ihr. Aus diesem

Sein und Eingewoben-Sein sind ganz andere Dinge möglich. Doch ich habe auch gelernt, dass es wichtig ist, die bestehende Ordnung zu respektieren und die eigene Energie nur sanft und langsam aus manchen von ihren Grundmustern herauszulösen. Es mit Macht zu tun, ruft unnötig Widerstände und Verwicklungen hervor und bringt Instabilität mit sich. Nach und nach erinnert sich auch der Köper mit seinen lebendigen, intelligenten Zellen an die ursprüngliche Ordnung, richtet sich wieder auf sie aus und vertraut sich ihr an, wenn wir nur unser Herz und unser Denken immer wieder auf die Quelle der Liebe und des Lebens richten. Damit zieht sich unsere in den kollektiven Gedankenmustern gebundene Energie nach und nach aus diesen heraus. Denn aus der Quelle in uns entstehen neue lebende, kraftvoll pulsierende Gedankenmuster, die die Grundlage einer neuen, vom ursprünglichen Leben der Seele getragenen Verbundenheit mit anderen Wesen bilden.

Ich liebe in diesem Zusammenhang das Wort »Einsinken«. Durch mein Eingebettetsein in die Rhythmen des Alltags mit Arbeit, Kindern, Schule, Einkaufen, Putzen, Rechnungen und so weiter erlebe ich mich oft wie getrieben, fremdbestimmt, obwohl ich schon wunderbare Erfahrungen des Friedens gemacht habe. Lange Jahre hat mir das immer wieder Angst gemacht: »Wo ist der Frieden jetzt? Habe ich ihn verloren? Warum fühle ich meine Lichtfamilie nicht? Habe ich was falsch gemacht?« Nach und nach lernte ich, solche ängstlichen Fragen loszulassen und mich im Vertrauen auf mein Teil-des-Lebens-Sein in die Tiefe der Seele einsinken zu lassen, wo der Frieden zu Hause ist, wo auch die Paradieserfahrung gegenwärtig ist. Das klappt mal mehr und mal weniger. Doch das ändert nichts daran, dass ich Teil dieses ursprünglichen Lebens bin. Ich habe es als meine wunderbare Aufgabe angenommen, die Menschenwelt wieder mit diesem Leben zu verweben.

Entwicklung

Vom Ursprung sind wir Lichtwesen wie ihr seit Anbeginn der Zeit mit diesem Planeten verbunden, um ihn in die ursprüngliche göttliche Ordnung der Liebe zurückzuholen.

*

Ab einem bestimmten Punkt machten die heutigen Menschen eine andere Entwicklung durch als wir. Das wurde so zu eurer und unserer Sicherheit und zum Besten des großen Ganzen entschieden. Das war der Punkt, an dem euer heutiger physischer Körper zu entstehen begann. Er brachte ein Vergessen und eine Veränderung des Bewusstseins mit sich. Er verbrauchte viel Energie, brachte Unausgeglichenheit mit sich und war lange Zeiten nicht in der Lage, euch so unterschiedliche Empfindungen zu vermitteln, wie er es heute vermag. Wir waren eure emotionalen Berater, wirkten ausgleichend für euch und vermittelten euch Lebensfreude, die ihr ohne uns nicht hättet empfinden können. Auf viele Weisen erleichterten wir euer Leben.

Es gab damals ein Versprechen, dass wir euch beistehen, doch wurde das Wissen um dieses Versprechen von immer mehr Menschen mit durch den Körper eingeschränktem Bewusstsein missbraucht. Das führte zu großem Leid auf unserer Seite, welches durch unsere Umsiedlung in die Anderswelt beendet wurde.

Die erneuerte Verbindung mit uns kann euer Leben um facettenreiche, tiefe Empfindungen und ein harmonisches Leben und Wirken mit den Elementen und den Energien der Natur bereichern.

Ihr habt gelernt, zu vertrauen, mit anderen Wesen mitzufühlen und zu vergeben. Das heißt, ihr habt damit in euch die Fähigkeiten erworben, das Lichtwesen in euch von den

Lasten und Einschränkungen des Menschseins in einem physischen Körper weitgehend zu befreien.

Wir vertrauen dem Lichtwesen in euch, denn wir kennen es. Wir haben nie vergessen, wer ihr seid. Doch die Befreiung dieses Lichtes musste aus eurer eigenen Lichtkraft vollbracht werden. Meist unbemerkt haben wir euch auch in dieser Phase unterstützt und ermutigt.

***

Aus dem Vergessen ist so viel Leid entstanden, auch für uns Menschen. Aus allen möglichen Vorstellungen heraus, was der Mensch ist oder wie er sein sollte, haben wir nicht nur den Naturwesen, sondern auch einander so viel angetan. Meine Schulzeit in Ost-Berlin war vom Kalten Krieg geprägt, der mir täglich vor Augen führte, welche Gefahren das mit sich bringt. Ich wuchs unter Menschen auf, die viel lasen und die verschiedensten Ansichten über das Woher und Wohin des Menschen hatten. Auch ich las viel, weil ich einen Hunger nach diesem Wissen hatte. Doch war das, was ich suchte, ein Wissen darüber, was *andere* dachten? Was wusste *ich selbst* wirklich?

Bei mir hat das irgendwann dahin geführt, zu sehen, was für eine Chance uns das Nicht-Wissen gibt, Mitgefühl, Vergebung und Vertrauen zu entwickeln. Könnten wir vergeben, wenn wir nicht selbst schon aus fehlendem Verständnis anderen Wesen geschadet hätten? Könnten wir mitfühlen, die Emotionen anderer respektieren und achten, wenn uns niemals etwas angetan worden wäre? Gäbe es ohne das Vergessen diese spezielle Mischung von Mut und Achtsamkeit, die wir brauchen, um im Bewusstsein unseres unvollständigen Wissens doch zu handeln? Würden wir überhaupt wissen, was Vertrauen ist, wenn wir jeden Moment von der universellen Liebe und Kraft wüssten, die alles Leben trägt und erhält?

Man kann die Entwicklung der Menschengemeinschaft auf der Erde von vielen verschiedenen Gesichtspunkten aus betrachten. Aus mancher Perspektive sieht das deprimierend aus. Aber aus dieser gesehen haben wir meiner Meinung nach eine Chance: Wenn Menschenseelen durch das Vergessen ausreichend Vertrauen, Mitgefühl und Vergebung erworben haben, kann das Wissen um das eigene Wesen und seine wahre Natur zusammen mit den Naturgeistern zurückkehren und etwas Neues beginnen. So, wie ich unser Universum kenne, wird es diese für viele Wesen leidvolle Phase nicht unnötig andauern lassen. Dass ich gebeten wurde, dieses Buch zu schreiben, sehe ich als Zeichen dafür, dass wir kurz vor dem Abschluss dieses Zyklus der Entwicklung stehen.

Jesus

Auch wir kennen und lieben Gottes Sohn und suchen seine Nähe. Auch aus unseren Reihen war ein Wesen in seinem Leben und Tod an seiner Seite und es wurde ein tiefes, unzerstörbares Band der Liebe geknüpft.

*

Vielleicht haben wir einen etwas anderen Blick auf Jesus als ihr. Doch auf unsere Weise haben wir seine Botschaften tief in uns aufgenommen und leben sie. Uns ist bewusst, wie entscheidend die Energien von Vergebung, Vertrauen, Mitgefühl und Dankbarkeit für den nächsten Schritt der Gemeinschaft aller zum Leben der Erde gehörenden Wesen sind. Wir benötigen und lieben für das, was wir an schmerzlichen Erfahrungen aus den verschiedenen Erdenzeiten in unseren Seelen tragen, ebenfalls die Erlösung und Heilung, die Jesus mit seinem Leben auf diesen Planeten brachte und hier verankerte.

So wie alle Menschen, die ihn lieben, erwarten wir den Einzug der Christusenergie auf unserem Planeten und den Augenblick, in dem wir ihn hier wiedersehen. Gemeinsam mit Menschen und auch vielen Wesen des Universums tun wir alles in unserer Macht Stehende, dass diese ersehnte Zeit des Friedens und der Einheit der Herzen auf der Erde beginnen kann.

***

Ich persönlich glaube, dass Jesus mit seinem Leben auf der Erde den Lichtkeim dieser neuen Zeit gelegt hat, und dass jede Seele und auch die Erde selbst ihn in sich trägt. Damals erzählte er den Menschen, dass er gekommen sei, damit die

Menschen auf der Erde wieder Zugang zu dem Reich des ursprünglichen Lebens (so nenne ich es) finden, zu einem Reich, das »nicht von dieser Welt«[2] ist. Er zeigte mit seinem Leben, dass man für dieses Reich nicht kämpfen muss, indem man das Alte bekämpft und zerstört. Es keimt und wächst in jedem Einzelnen und zwischen den Menschen, die den Zugang im Inneren finden und pflegen. Von dort aus verwandelt es unwiderstehlich alles, was es berührt.

Jesus war ein inkarnierter Mensch und ist wie wir seinen persönlichen Weg des Erwachens und Erinnerns gegangen. So, wie ich es sehe, wusste er nicht von Anfang seines Lebens an, dass er Gottes Sohn war und welche Aufgabe er hatte. Doch es kam der Moment, wo er im Innern erfuhr, wer er vom Ursprung seines Wesens her war und dass er die Erlösungsenergie in sich trug, die die Menschen fühlen lassen konnte, was ihre Ursprünglichkeit war. Als er uns damals die Hände auflegte, fielen von allen, die sich dafür öffnen konnten, die Prägungen des Erdenlebens ab, die uns sagten: »Du bist ein Mensch mit den und den Eigenschaften und Einschränkungen. Dein Leben ist begrenzt. Du hast die und die Rolle und solltest …« Die Menschen erlebten sich für ein paar Momente als das unsagbar lebendige, wunderbare, liebende Wesen, als das sie ursprünglich im Universum erschaffen worden waren, untrennbar verbunden mit der göttlichen Quelle. Deswegen glaubten sie ihm, dass nun eine neue Zeit beginnen würde, dass nichts unmöglich sei.

Kennst du das? Kannst du dich erinnern? Oder ist dir schon mal ein Mensch begegnet, der dich das hat fühlen, erkennen oder ahnen lassen? Ich finde, das ist durchaus möglich. Denn Jesus hat diese Erlösungsenergie und sein Wissen auf seine Freunde und Schüler übertragen.

---

2 Johannes 15,19: »Jesus antwortete: Mein Reich ist nicht von dieser Welt. Wäre mein Reich von dieser Welt, meine Diener würden kämpfen, dass ich den Juden nicht überantwortet würde; aber nun ist mein Reich nicht von dannen.«

Die neue Erde wächst in uns und zwischen uns, auch zwischen uns und den Naturwesen, die praktisch schon ein Teil von ihr sind. Und dieser schließt sich zusammen mit dem, was wir in uns entstehen lassen …

Der Dimensionswechsel wird schließlich die letzten Reste der alten Ordnung, die auf Trennung und Angst basiert, wegnehmen. Sie liegen wie Krusten über dem schon aufkeimenden, sich ausdehnenden neuen und doch ursprünglichen Leben in uns. Wenn seine Ausdehnung ausreichend dafür ist, können diese Krusten von den die Erde in ihren Prozess begleitenden Lichtwesen entfernt werden.

Ich wüsste nicht, wie sich dieser Prozess ohne die Naturwesen vollenden könnte. Dies ist genauso ihr Heimatplanet wie unserer. Und ich bin überzeugt, dass fast jeder Mensch auf dem Weg zurück in die eigene Ursprünglichkeit seine Verbindung mit den Naturgeistern wieder entdecken und mit Freude leben wird.

Ich wüsste auch nicht, wie wir es ohne die Erlösungsenergie schaffen sollten, die uns immer wieder erleben lässt, was wir wirklich sind. Falls du bisher keine Beziehung zu Jesus fühlst, kannst du auch deine innere Führung um die Erlösungsenergie bitten. Sie werden den für dich im Moment richtigen Kanal finden, über den sie dich berühren kann. Du kannst aber auch einfach Jesus Christus selbst bitten, in dein Leben zu treten. Er kennt dich und weiß genau, welche Seite deines Wesens sich als erstes für die Erlösung öffnen kann.

Wir ergänzen uns

In unseren Reihen findest du die Künstler und Baumeister der Natur. Unser Bewusstsein lebt in den Netzen des Lebens, sodass wir in Harmonie in ihnen wirken können.

*

Es geht nicht darum, dass ihr genauso ein Bewusstsein entwickelt. Dass ihr eure spezielle Bewusstseinsentwicklung durchlaufen habt, ist für das Ganze unendlich wertvoll. Wir können einander ergänzen, wenn ihr eure Herzen und euer Bewusstsein für den Kontakt mit uns öffnet.

In anderen Zeiten haben Menschen bei größeren Vorhaben, mit denen sie in die Natur eingriffen, den Beistand von Göttern angerufen, weil sie instinktiv wussten, dass ihr Bewusstsein nicht ausreichte, um das vieldimensionale Gewebe zu erfassen, in das sie zum Beispiel mit einem Bauvorhaben eingreifen.

Es liegt in deiner Hand, dass nun eine neue Zeit auf der Erde beginnt, in der wir unsere Fähigkeiten zum Wohle aller vereinen. Lass deine liebevolle Absicht durch deine Tage leuchten und bemerke einfach, wie wir in ihrem Licht wieder zu dir treten, wie Zauber und Schutz beginnen, dich zu berühren und zu umhüllen.

***

Ich war letztes Jahr in einem Sole-Bad. Es war sehr schön, im warmen Salzwasser fast schwerelos zu schweben. Doch danach fühlte ich mich nicht gut. Es fühlte sich an, als ob ich eine trübe, traurige Energie aufgenommen hätte. Ich wunderte mich, denn bis zu diesem Besuch im Bad hatte ich einen wunderbaren Tag gehabt, mich klar wie Kristall gefühlt und viel Spaß mit meinen Töchtern gehabt.

Als ich in der goldenen Spätnachmittagssonne zu unserer Pension in einer alten Villa zurückkam, genoss ich den Anblick der alten Kastanie neben dem Haus und das Licht in ihren Blättern. Da fiel mein Blick auf einen goldenen Sonnenstrahl, der durch die Zweige der Kastanie fiel und einen Fleck erleuchtete, auf dem eine kleine, dunkelrote Pfingstrose wuchs, umgeben von Gräsern und Kräutern. Das glühende, tiefe Rot und die in diesem Licht so klar erkennbaren, vielgestaltigen, feinen Blättchen und Gräser, die in den schönsten Grüntönen leuchteten, bildeten etwas Vollendetes, das mein Herz zutiefst berührte. Ich fühlte mich ganz persönlich beschenkt.

Ich setzte mich für eine Weile auf die Mauer, genoss den Anblick, atmete die Schönheit förmlich ein und berührte das Gras. Mein Herz dehnte sich aus und spürte die Gegenwart eines freundlichen, mir vertrauten Wesens. Mit leichter Hand nahm es die lastenden, trüben Energien von mir und befreit sank mein Herz noch tiefer in die Verbundenheit. Dankbar legte ich einige kleine Halbedelsteine zwischen die Gräser. Ich sprach innerlich dankbare, liebevolle Worte zu dem Wesen, dessen Gegenwart ich fühlte. Danach hatte ich noch einen wunderschönen Abend. Als wir abreisten, legte ich dem Inhaber der Pension einen kleinen Brief auf das Fensterbrett, in dem ich ihm von den Naturwesen erzählte und mich für den wunderschönen Garten bedankte.

Einige Zeit nach dieser Begegnung hielt ich im eigenen Garten bei einer kleinen Gruppe von Kräutern und Blumen inne, die wie von einem Künstler in eine aus Zweigen, Licht und Schatten gestaltete, kleine heilige Halle eingebettet waren. Da fühlte ich diese Gegenwart wieder. Diesmal bekam ich ein anderes Geschenk dazu: Eine Berührung, wie du sie dir feiner und zarter nicht vorstellen kannst, wenige Zentimeter unterhalb des Bauchnabels. Dieses Geschenk zu beschreiben, ist gar nicht so einfach. Ich glaube, dort wohnt das reine, zutrauliche, zarte, staunende Kind in mir, das voller

Freude und Vertrauen diese Welt entdecken und tief erleben möchte. Um herauszukommen, braucht es feine Energien, die Geborgenheit und Zugehörigkeit schenken und flüstern: »Du kannst spielen. Es ist sicher. Du bist unter achtsamen Wesen, die dich begleiten und schützen.« Dann dehnen sich die Energien des Kindes aus: Kribbelnde Freude, am Leben zu sein, Lust auf Bewegung, Entdeckung und Berührung, Offenheit, Staunen, Ideenreichtum und Zärtlichkeit für alle Wesen, die ihm begegnen. Du weißt ganz sicher, wovon ich spreche!

Das ist eine der wunderbaren Fähigkeiten der Naturwesen: Die zarte, heilende innere Berührung. Heute darf ich dir diesen feinsinnigen Künstler und Meister der inneren Berührung vorstellen: *Samok*. Als ich ihn fragte, ob er sich mir für dich auch zeigen möchte, sah ich eine kleine Gestalt mit kleinen, hellen Augen und unter ihnen ein Lächeln, bei dem die Mundwinkel weit nach oben gingen. Unter dem Gesicht war alles leuchtend weiß und weich. Eine ganz bezaubernde, pure Liebesenergie, die er wie einen Bart vor sich hertrug, sehr rein, sanft, ja, watteweich. Diese Energie war für mich so schön und vertraut, dass ich gar nicht mehr auf weitere Details achtete. *Jedes Kind würde sich da sofort hineinkuscheln,* dachte ich.

So bringt er seine Zugehörigkeit zu den kleinen, feinen Dingen der Natur zum Ausdruck und dass er das Kind in uns sieht und heilend, belebend berühren möchte. Ich schreibe in diesem Buch bewusst nicht viel von solchen Wahrnehmungen, damit keine Erwartungen entstehen, denn die Wesen zeigen sich uns immer so, wie wir in dem Moment am besten Vertrauen fassen können. Meine liebe Begleiterin Aylin sah ihn mit einem feinen, kleinen Geweih. Ich finde, das ist ein sehr schöner Ausdruck dafür, dass er feine Antennen in den Kosmos hat, durch die er zum Beispiel diese wunderbare, bedingungslose Liebe aufnehmen und zu dem Kind in uns bringen kann.

Ich persönlich finde es hilfreich, sich ins Gras zu knien und in diese Welt des Kleinen zu begeben oder ein kleines Detail der Natur mit herzlicher Hingabe anzuschauen. Das hilft mir, aus meinem Alltagsbewusstsein auszusteigen und die Gegenwart meiner Freunde zu fühlen. Für mich sind der Anblick eines Tannen- oder Schafgarbezweiges und das Gefühl von Gras und Moos an der Handfläche wie Schlüssel, die genau in mein Herz passen und es für ihre Welt aufschließen. Dass sie aufgeschlossen ist, merke ich daran, dass mein Herz aufatmend die Botschaft empfängt: »Du bist nicht allein.« Wenn du darauf achtest, welche Details in der Natur dich besonders tief berühren, wirst du deine eigenen Schlüssel finden.

Musik

Finde ein Lied, ein Musikstück, das dich im Herzen anspricht und dich in unsere Schwingungen trägt.

*

Habe einfach die Absicht, es zu finden, und es wird zu dir kommen. Lass dir von der Musik helfen. Gibt es etwas Universelleres, das am Verstand und allem äußerlich Trennenden vorbei den Weg in alle Herzen findet?

***

Für mich persönlich war es eine ganz bestimmte Musik, die vor etwa zehn Jahren in mein Leben kam und ganz nebenbei beim Autofahren begann, mich darauf hinzuweisen, dass etwas in mir ist, das mit tiefen Tönen der Sehnsucht, aber auch der inneren Kraft auf ihre Klänge und die Botschaft einiger Textzeilen antwortete. Damals kaufte mein Mann die CD *Attea Ranta* der Sängerin Oonagh, die gerade herausgekommen war. Er selbst fand sie nicht so gut, ein bisschen zu Mainstream, aber die Kinder liebten einige Titel sehr und so landete sie im Auto und ist dort bis heute.

Einige Jahre waren mir die Gefühle, die durch einige Zeilen ausgelöst wurden, regelrecht unangenehm:

»Von zwei Welten zueinander finden wir unsren Weg.«

»Hör die Sagen von einst, eine Macht liegt in dir! Jedes Wort deiner Seele ist wahr!«

»Wenn dein Tag vergeht, komm in meine Welt!«

Ich bat die Kinder oft, gewisse Tracks zu überspringen. Doch irgendwann entschloss ich mich, meine Gefühle zu respektieren und als Botschaften meiner Seele zu betrachten.

Etwas später berührten Lieder der Gruppe Faun in mir die Sehnsucht nach dem Wald und die Liebe zur Sonne. Und immer mehr gab ich mich einfach der Musik hin und ließ sie wirken und mir von den in meiner Seele liegenden Schätzen erzählen.

Diese Erlebnisse mit der Musik schlossen sich mit den Jahren zusammen mit Botschaften, die ich auf andere Weise erhielt, in Träumen, bei Meditationen, beim Einschlafen oder Aufwachen empfing. Und nach einigen Jahren konnte ich nicht mehr zweifeln. Es entstand wie ein Gewebe von Erfahrungen, das für mein inneres und jetzt auch für mein äußeres Leben tragend wurde.

Drachen

Die Beziehung zu uns zu erneuern, ist möglicherweise eng damit verknüpft, auch die Verbindung zu deinem persönlichen Drachen wieder aufzunehmen.

*

Vielleicht kannst du dir erst einmal bewusstmachen, welche Bilder und Attribute du im Moment mit dem Wort »Drache« verbindest. Gerade in Europa ist das kollektive Bild sehr mit Macht und Schrecken verknüpft worden. Wie diese Wesen im fernen Osten verstanden und geehrt werden, kommt dem, was euch in anderen Inkarnationen gemeinsam mit uns begleitete, näher: Freudige, machtvolle, beschützende, tragende, weise, Raum und Zeit vereinende Liebe.

Dieser Liebe hast du dich, deinen Körper, dein Leben damals wie Gottes Händen anvertraut. Gemeinsam habt ihr Großes vollbracht. Es war eine intime Beziehung. Ihr habt nichts voreinander verbergen können.

Es waren die Elben, die dich in die Einheit mit deinem persönlichen Drachen hineingeführt haben. Im Schutz ihres Zaubers und ihrer Gemeinschaft, begleitet von ihrer Weisheit, hast du einen Bund geknüpft, der tief in deiner Seele noch schlummert und auf den richtigen Moment wartet, auch in dieser Inkarnation wieder lebendig zu werden, so wie es für deine Seele gut und richtig ist.

Ob so ein Schatz in den Tiefen deiner Seele schläft und jetzt bereit ist, wieder in dein Leben zu treten, kannst du zum Beispiel durch ein Ritual herausfinden: Lass dich tief in dein Herzzentrum sinken und bekunde dort deine Absicht. Bitte deine Seele, deine geistige Führung, dir eine Musik zu zeigen, die vermag, die Erinnerung zu wecken. Wenn deine Eingebung dir zu irgendeinem Zeitpunkt sagt, dass du sie gefunden hast, dann mach dir nochmal klar, dass es um eine Seelenverbindung geht, um tiefe Liebe und Vertrauen. Dann höre dir diese Musik an und lass deinen Emotionen und deiner Fantasie freien Lauf. Achte auf jedes Detail deines Erlebens und merke es dir. Dann erlaube uns, dich zu weiteren Schritten zu führen.

Nicht alle Drachenwesen sind persönliche Begleiter. Manche behüten auch besondere Orte, zum Beispiel alte Parks oder Höhlen, wo sich Portale oder spezielle für die Erde sehr wichtige Energien befinden.

Saphira, Hüterin des Frankfurter Palmengartens

***

Drachen haben durchaus etwas Ungestümes. Sie haben einfach sehr, *sehr* viel Kraft. Bei mir war es jedenfalls so, dass die erste Begegnung sehr stürmisch verlief, ich hinterher wackelige Beine hatte und mich fragte: »Was um Himmelswillen war das?« Die zweite war sogar etwas niederdrückend für mich, denn ich fühlte mich dieser Macht gegenüber sehr klein und unvollkommen. Die dritte war ein tiefer Blick in meine Augen, voller Liebe und Güte. Dieser Blick sagte so vieles. Unter anderem: »Keine Sorge, ich kann auch anders!«

Von heute aus gesehen verstehe ich, dass so ein kraftvolles Wesen einfach gern zeigt, was in ihm steckt. Ich musste schließlich erfahren beziehungsweise mich erinnern, womit ich es zu tun habe. Doch dann begann eine Phase der Annäherung und Anpassung. Die Erscheinung änderte sich so sehr, dass ich Jahre und auch etwas Hilfe brauchte, bis ich seine Energie in den ganz neuen Erscheinungsformen wiedererkannte und zu verstehen begann. Aber der eine Blick hatte den jenseits von Raum und Zeit bestehenden Bund für dieses Leben erneuert. Es gab danach keinen wirklichen Zweifel, nur langsames Lernen. Immer wieder habe ich Vorstellungen losgelassen, seinen Namen gerufen und versucht, zu fühlen.

Das war mein spezieller Weg. Wenn ich mich frage, was ich jedem raten kann: Ein Name ist wichtig. Fühle zuerst, ob es ein weibliches oder männliches Wesen ist, dann frag nach dem Namen! So machen wir es schließlich auch unter Menschen, wenn wir jemanden kennenlernen wollen. Wie der Name zu dir kommt, spielt keine Rolle. Vielleicht findest du ihn zufällig in dem Buch, das du gerade liest, hörst ihn im Traum, er ist auf einmal wie ein Klang in deinem Kopf oder vor deinem inneren Auge, wenn du morgens aufwachst. Woran ich immer erkenne, dass ich den Namen wirklich gefunden habe, ist der Klang. Dann beginnt so viel in mir und um mich herum zu schwingen, ja, fast zu singen. Bei meinem Drachen hörte ich mein eigenes Herzzentrum diesen Namen rufen, ein tief erschütternder Ruf in meinem Innersten. Als ich den Namen der Elbenkönigin fand, war und ist es auch immer wieder, wenn ich ihn innerlich spreche, als ob große Räume von Licht um mich herum beginnen, zu leuchten und zu schwingen. Erwarte Mystik, Zauber, Magie und lass dir Zeit! Was zu dir gehört, wird zu dir kommen, wenn du aus deinem Herzen immer wieder den Ruf sendest.

Falls du dich fragst, was Drachen in unserer Zeit jetzt zu tun haben: Ich hab mich das auch gefragt. Eine Antwort auf diese Frage ist auf jeden Fall, dass sie uns Kraft und Mut schenken, wirklich in die Tat zu gehen. Aber es ist noch viel, viel mehr. Liebe bringt Kreativität mit sich. Wir passen uns aneinander an und entdecken die neuen Möglichkeiten, die aus der tiefen Verbindung entstehen. Wir zwei zum Beispiel erschaffen gemeinsam mit einem kleinen Ritual das Energiefeld, in dem ich dieses Buch schreiben kann.

Ich könnte noch so viel schreiben. Doch wenn du Freundschaft mit dem Waldvolk schließt, werden sie dich an alles für dich Wichtige heranführen, wie sie es auch bei mir getan haben. Einmal haben sie einen Kreis um uns gebildet; im Schutz dieses Kreises öffnete sich mein Herz tief und es entstanden unzählige Lichtenergiefäden zwischen mir und meinem Gefährten. Wenn du diese Botschaft bekommst, mach dich bereit für eine ganz besonders intensive Liebe und viel Magie, die mühelos alle Dimensionen durchdringen.

Die Königin der Elben

Der König öffnet und hält den Raum, den die Königin erfüllt. Lass ihn das für dich tun und erwarte sie. Erwarte unendliche Liebe, Heilung und Wunder.

*

Das Seelenlicht der Königin ist hell leuchtend, warm und sehr ausgedehnt. Mit sanfter Berührung dehnt es die Liebe in dir aus, erneuert heilend, belebend, verbindend das Zarte in dir, dass es sich noch feiner, noch vertrauensvoller in die feinen Netze des Lebens, in die liebevolle Verbundenheit zu anderen Lebewesen einbindet. Sie vermag die zartesten Saiten in dir zum Schwingen zu bringen.

Fühlst du die lichte Liebesmacht dieser Berührung, wie sie dein Herz ausdehnt und alles zum Leuchten bringt?

Ihre Energie begleitet wie der Atem des Lebens selbst jedes Wesen ihres Volkes. Sie wissen, dass sie jederzeit bei ihnen ist, wenn sie Heilung oder die Hilfe ihrer großen Erfahrung und Weisheit benötigen.

Es kann sein, dass du viele Gefühle spürst, wenn du der Königin zum ersten Mal begegnest. Versuche, es als Geschenk zu sehen. Denn das ist es aus unserer Sicht. Ihr seid von eurem Leben als Menschen geprägt. Eure Herzen haben sich an die Klänge und Rhythmen dieses Lebens angepasst. Manche Herzensschwingung, die doch ganz ursprünglich in jeder Seele angelegt ist, hat in der Menschenwelt, so wie sie jetzt ist, nicht so einfach Platz, sich auszudehnen. Wenn solche Saiten in dir berührt werden, wirst du vermutlich Sehnsucht verspüren, Sehnsucht nach einem Leben, in welchem Raum für das Neue ist, was in dir berührt wurde.

Vertraue der Königin, dass sie mit Weisheit und Liebe geweckt hat, was deine Seele zu fühlen und in dein Leben zu holen bereit ist. Vertraue auf ihre und unsere Unterstützung bei deinen Schritten in ein neues Leben. In deinem Leben bist du der König und kannst Raum für neue Klänge der Liebe und Verbundenheit schaffen.

***

Die Elbenkönigin des Elbenvolkes, dem ich mich zugehörig fühle, begleitet dieses Buch schon von Anfang an. Als ich innerlich »ja« zu diesem Projekt sagte und all meinen Mut und mein Vertrauen dafür zusammenrief, bemerkte ich auf meinem Morgenspaziergang, der mich fast täglich an einem Waldstreifen entlangführt, eine sehr ausgedehnte, helle, weibliche Energie. Eine Energie, die mir bekannt vorkam und mich an die der großen Mutter erinnerte. Ich begrüßte sie, ließ mich dankbar von ihr umarmen und erzählte ihr, was ich vorhatte, und vertraute ihr auch meine Sorgen und Zweifel an. Es machte nichts, dass ich sie für Shakti gehalten hatte.

Es ist eines von vielen kleinen Ritualen in meinem täglichen Leben, dass ich bei diesem schmalen Waldstreifen, der einen steilen Abhang zwischen zwei Straßen bedeckt, immer an meine Elbengemeinschaft denke. Es ist dort irgendwie leicht, sie mir zwischen den Bäume vorzustellen und zu fühlen. Meistens bleibe ich auch für ein paar Atemzüge auf einer Mauer dort sitzen.

Nachdem ich die Elbenkönig-Botschaft aufgeschrieben hatte, wusste ich, dass auch die Königin kommen würde. Es war an der gleichen Stelle etwa. Nun erkannte ich sie wieder. Sie ermutigte mich, dass es mit den passenden Bildern zu den Botschaften auf jeden Fall klappen würde, auch wenn es im Augenblick nicht so aussah. Und durch sie kam auch die Anregung, meine eigenen Erfahrungen zu den Botschaften hinzuzufügen.

Und es geschah noch etwas: Tiefe Heilung, auch wenn sich das nicht gleich so anfühlte. Diese zweite Begegnung war intensiver. Ich war für zwei bis drei Tage viel sensitiver als sonst. Ich merkte das besonders, als ich mich, wie immer vor dem Aufschreiben einer Botschaft, hinsetzte und die Musik anhörte, bei der ich mich so gern mit meiner Lichtfamilie verbinde. Ich ertrug mein geliebtes Lied von Faun kaum. Das irritierte mich. Ich hörte dann noch ein ganz ganz zartes: »Spuren der Liebe« von Benjamin Chamuel Heller. Das ging besser. Und doch war ich ziemlich durcheinander. Aber etwas in mir sagte: »Auch wenn du dich merkwürdig fühlst, ist es jetzt der Moment, die Botschaft der Königin der Elben aufzuschreiben.« Ich ließ alle Zweifel los, akzeptierte meinen seltsamen Zustand und schrieb voller Vertrauen auf, was mir eingegeben wurde, wenn ich mich auf die Energie der Königin fokussierte. Und als ich es selbst noch einmal las, merkte ich, dass es trotz meines Unwohlseins die richtige Schwingung hatte.

Mir ging es dann fast 24 Stunden nicht so gut. Ich spürte alte, schmerzliche Gefühle ohne aktuellen äußeren Anlass. Aber meine Intuition und auch die Erfahrung sagten mir, dass jetzt Heilung im Gange war. Deshalb ließ ich es zu und dachte nicht weiter darüber nach. Und dann war es soweit: Die Last war aufgelöst, meine Seele atmete und strahlte befreit auf und etwas später, in einem stillen Moment der Meditation, erhielt ich noch ein persönliches Geschenk, das mich tief bewegte und erfüllte. Die Köngin hatte tief in meine Seele geschaut und gesehen, was sie sich wünschte.

Dimensionen

Du trägst in dir, was die Dimensionen vereint, tief geborgen im Feuer der göttlichen Flamme, das im Zentrum der Seele wohnt.

*

Von diesem Zentrum aus hat das Lichtwesen, das du bist, Anteile in verschiedene Dimensionen geschickt, um sich bewusst zu erfahren und dem großen Ganzen mit seiner Bewusstseinsentfaltung zu dienen. Alle diese Wege mit dem, was die Seele sich durch sie erworben hat, hängen zusammen. Und gerade diese besondere Zeit jetzt, wo es darum geht, mit der Erde gemeinsam in eine neue Daseinsstufe überzuwechseln, benötigt dein Erwachen für vieles, was du in dir trägst, von deinem lichten Ursprung her und auch durch die Erfahrungen deiner Seelenanteile.

Es gibt einen Plan, welche Anteile du für dieses Leben besonders benötigst. Und je mehr du das Feuer deiner göttlichen Attribute dein tägliches Leben wärmen und erhellen lässt, wirst du diese Anteile bemerken.

Um sie in dein Leben zu integrieren, musst du nichts tun, als sie freundlich zu begrüßen, einzuladen oder vielleicht sogar innig zu umarmen. Wir empfehlen dir Vertrauen, Mitgefühl und Dankbarkeit, Mut und Achtsamkeit und auch Geduld. Keiner kann dir sagen, wie lang der Weg ist, und voreilige Schlüsse können ein Hindernis werden.

Manch ein Anteil braucht vielleicht erst Trost und Aufrichtung in deiner Liebe, bevor er dir den Schatz übergibt, den er in sich trägt.

Eine gute Unterstützung dabei, dich so sicher wie möglich in dieses Vereinen der Dimensionen in dir hinein zu bewegen, ist, dass du dir ein persönliches Gebet oder Mantra erschaffst, das geeignet ist, bei allem, was du erlebst, die oben genannten Attribute in dir zu wecken und zu stärken. Du bist immer begleitet und beschützt. Doch eure Schulen bereiten euch nicht auf solche Erfahrungen vor. Dafür wurden sie auch nicht erschaffen. Dafür, wie du mit Erfahrungen umgehst, bist du selbst verantwortlich, dass du dir mit deinen Gedanken nicht selbst im Weg stehst. Dankbarkeit und Vertrauen tragen dich am sichersten voran.

Kannst du die Schönheit und den großen Wert deines Weges sehen und fühlen? Aus der Beschränkung auf die eine Dimension heraus langsam wieder neu zu entdecken, wer du bist und was alles zu dir gehört?

Diesen Weg zu gehen hast du dir durch viele Erfahrungen verdient. Gemeinsam mit vielen lichten Helfern hat deine Seele ihn vorbereitet. Genieße und feiere jeden Schritt. Vielleicht, indem du ihn in ein besonders schönes Buch schreibst oder malst, oder indem du es einem dir besonders nahestehenden Baum erzählst? Diese Umhüllung mit einem liebevollen Ritual kann viel bewirken.

***

Meine erste ganz bewusste Erinnerung an mein Elbensein kam in einer Meditation. Ich wurde in eine unermessliche, unsagbar sanfte Liebe eingehüllt und befand mich zwischen den vertrauten Wesen. Voller Glückseligkeit fühlte ich, wie wir einander zutiefst kannten, wie jeder seinen Platz in dieser vertrauten Gemeinschaft hatte. Wir gingen als Gruppe durch eine Landschaft. Und die von uns ausgehenden, eher fühlbaren als hörbaren Klänge erneuerten das Leben, erhöhten, wo nötig, die Schwingung.

Etwa ein bis zwei Jahre lang interpretierte ich dieses Erlebnis so, dass mich die Engel in eine andere Inkarnation geführt hatten. Erst weitere Erfahrungen wiesen mich darauf hin, dass ich es auch anders sehen kann, und es auch große

Auswirkung für mein Leben hat, wenn ich anerkenne, dass ich das auch jetzt ganz lebendig in mir trage. Aber es war meine Entscheidung. Und kurz nach dieser Entscheidung begann sich mein Leben sehr zu ändern. Unter anderem begann ich zu schreiben. Mich in Worten auszudrücken, lag mir schon immer. Aber die Zugehörigkeit, die ich fühle, das Teilsein in einer Gruppe, die gemeinsam eine Aufgabe hat und die passenden Fähigkeiten für sie besitzt, machte mich persönlich erst bereit, nach außen zu gehen.

Ich trage auch Erfahrungen aus der Zeit mit Jesus in mir. Einige davon sind extrem schmerzhaft. Doch nachdem ich noch einmal eine dieser unsagbar schmerzlichen Erfahrungen erlebt hatte, rief ich in einem Moment tiefer Intuition diesen Menschen, der das erlebt hatte, zu mir. Ich breitete meine Arme aus und rief ihm zu: »Ich durfte gerade deinen tiefen Schmerz fühlen, mitten in mir drin, als meinen eigenen. Jetzt komm und bring mir dein Licht und deine Liebe. Du hast Jesus erlebt! Du musst auch Wunderbares in dir tragen!« Er kam sofort. Eine goldene Lichtgestalt flog mit ausgebreiteten Armen auf mich zu und verschmolz mit mir. Seitdem habe ich manchmal das Gefühl, dass er mitten in meinem Herzen mit einer ganz speziellen, intensiven, liebevollen Stimme etwas sagt. Auch das gibt mir viel Mut dafür, mit diesen Botschaften nach außen zu gehen, den ich als die Person, als die ich mich noch vor etwa drei Jahren sah, nicht gehabt hätte.

Es ist sicher auch sehr hilfreich, eigene vergangene Inkarnationen einfach zu kennen. Das erhellt vieles und setzt das Leben in ein neues Licht, in größere Zusammenhänge. Doch die in diesen Erfahrungen liegenden Schätze in dein Jetzt zu holen, ist ein wunderbarer weiterer Schritt. Für mich stellt sich das mittlerweile als ein ganz natürlicher Vorgang dar: Je mehr du erwachst und dieses Erwachen lebst, kommt alles, was zu dir gehört, zu dir zurück. Und intuitiv wirst du vielleicht auch einige dieser zurück in dein Bewusstsein tretenden Anteile innig umarmen.

Freundschaft

Die Einladung

Die Dimensionstore sind geöffnet. Wir können zurückkehren. Ladet ihr uns ein? Habt ihr einen Raum für uns in euren Herzen und in euren Visionen vom Leben?

*

Würdest du selbst gern ohne Einladung an einen Ort zurückkehren, der dir einmal geliebte Heimat war und den du aus guten Gründen verlassen hast? Eine Einladung ist wie eine Brücke und schafft einen Raum von Willkommen.

Es war nie geplant, dass die Völker der Naturwesen ewig in der Anderswelt bleiben sollten. Sie wurde als Zuflucht für uns erschaffen und ist uns eine Heimat geworden, in welcher wir in Frieden leben. Diese Dimension wird sich wieder schließen, wenn wir erneut Seite an Seite mit euch leben. Es gibt dann kein Zurück mehr für uns. Deswegen handelt es sich um eine besondere Einladung.

Bist du bereit, eine solche Einladung auszusprechen? Vertraust du dem göttlichen Licht in dir so sehr, dass du weißt, dass es dich dazu ermächtigt?

Wenn du dich von Herzen bereit und dazu gerufen fühlst, kannst du die Einladung zum Beispiel auf folgende Weise aussprechen: Nimm mit deiner Liebe und Bereitschaft einen kleinen Stein in die Hand und sprich das kleine Gedicht:

Möge dieser kleine Stein
von vielen, vielen einer sein,
er trage lichte Liebesmacht,
die eine neue Welt erschafft,
in welcher Zwerge, Elben, Feen
mit Menschen Seit' an Seite gehen.

Stein für Stein entstehe Raum,
in dessen Schutz wird wahr mein Traum:
Die Freunde kehr'n zu uns zurück
mit Ihnen lang vermisstes Glück!

Lege den Stein dann zu Bäumen oder anderen Orten in der Natur, die deine Intuition dir zeigt.

***

Ich trage fast immer ein paar kleine Steine bei mir. Das hat sich so als Teil meines Austauschs mit der Natur entwickelt. So kann ich ohne Worte danke sagen, wenn mir danach ist. Den Spruch spreche ich nur in besonderen Momenten, wenn mich die Sehnsucht nach der neuen, geeinten Erde besonders tief ergreift.

Hier eine kleine Geschichte, die deutlich zeigt, was für einen Zauber die so gesegneten Steine tragen: Eine Frau berichtete mir einmal, dass ihre Mutter im hohen Alter verstorben war. Ihr Bruder hatte aufgrund eines Handicaps sein ganzes Leben mit der Mutter zusammengelebt. Sie hatte ihn gestützt und im Alter auch er sie, so gut er es vermochte. Der Verlust brachte den Bruder in eine sehr herausfordernde Situation auf allen Ebenen, mental, emotional und körperlich. Die Schwester wohnte weit entfernt und fragte sich, wie sie ihm beistehen könnte. Sie war in tiefer Sorge um ihn. Würde er diese Krise überstehen? Obwohl es für sie finanziell gar nicht einfach war, unternahm sie die Reise und verbrachte einige Zeit mit ihm im Haus der Mutter, um wenigstens etwas zu helfen. Da ihr Bruder wenig Kraft zum Sprechen hatte und sie die Atmosphäre im Haus als drückend empfand, setzte sie sich, wann immer sie konnte, in den Garten in die Sonne. Sie fragte ihn, ob er nicht auch auch ein bisschen im Garten sitzen wolle. Das würde ihm sicher gut tun. Tagelang lehnte er das ab. Das sei *ihr* Garten. Das könne er nicht.

Als sie eines Tages wieder im Garten saß, erinnerte sie sich an diesen Spruch, den ich mit ihr geteilt hatte, und spürte den Impuls, einen Stein in den Garten der Mutter zu legen. Sie verband das kleine Ritual mit einem Gebet für ihren Bruder und verbarg den Stein in der Erde am Fuß eines Ginkgobaums.

Am nächsten Tag überraschte der Bruder sie: Er erschien mit einer Blume im Garten und sagte, dass er sie hier einpflanzen wollte. Der Fleck, auf den er dabei zeigte, war genau die Stelle, wo der Stein lag. Er fand ihn auch prompt beim Graben, zeigte ihn ihr und sagte: »Schau mal! Was für ein schöner Stein!«

Sie antwortete: »Das ist ein magischer Stein.«

Ein paar Tage später noch kam er mit einer ganzen Palette Blumen, die er halb vertrocknet vor einem Supermarkt gefunden hatte. Das hätte er nicht mit ansehen können. Und noch etwas später pflanzte er mitten in den Garten einen neuen Apfelbaum.

Ich liebe diese Geschichte! Wie vielen Menschen schenkt die Beziehung zu Pflanzen, zu einem kleinen Stück Natur Tag für Tag Lebensfreude und Zuversicht! Wie viel mehr Menschen könnten das noch in sich entdecken?

Von Herz zu Herz

Suche die Verbindung zu uns über dein Herz, deine Emotion. Lass deine Gefühle sich ausdehnen und zu uns fließen. Das ist die Ebene, auf welcher der Kontakt mit uns beginnt.

*

Erlaubst du deinem Herzen ein Eigenleben? Folgst du manchmal dem reinen Gefühl? Du kannst dein Herzzentrum in der Mitte deiner Brust unterstützen, indem du innerlich überprüfst, ob es sich gegenüber dem Kopf frei und souverän fühlt.

Wenn das nicht der Fall ist, wirst du eine angespannte Verbindung zwischen beiden Zentren bemerken. Dann lass diese sich sanft lösen, zum Beispiel, indem du dir eine goldene Schere vorstellst, mit der du diesen Strang der Energie sanft durchtrennst. Das Herzzentrum sinkt dadurch ein Stück in seine eigene Mitte ein und dehnt sich dann etwas aus. Oft beginnen dann wie von selbst Gefühle zu fließen, die bis dahin wie gefangen waren. Lass sie von deiner Absicht der Verbundenheit zu uns tragen und erwarte die Antwort in diesem befreiten Raum deines Fühlens.

Das Herz ist wie eine Harfe mit einer großen Bandbreite von Saiten: Die zartesten, die der leiseste Hauch fein schwingen lässt, sind genauso wichtig wie die starken mit den durchdringenden Tönen.

***

Zu der Zeit, in der ich dieses Buch schreibe, ist mein Alltag immer noch sehr vom Kopf geprägt, einfach weil es auf der Arbeit darum geht, komplexe Systeme zu verstehen, weiterzuentwickeln und Lösungen für Probleme zu finden. Mir fällt es auch jetzt noch schwer, in den drei Tagen Arbeit so mit meiner Lichtgemeinschaft in der Anderswelt verbunden zu bleiben wie in den Tagen, an denen ich mich um Kinder und Haushalt kümmere. Die vor allem mentale Tätigkeit ist ein Feld, in das mir die Freunde nicht folgen können. Oder ich fühle es einfach nicht, weil mein Bewusstsein auf anderes gerichtet ist.

Ich habe jeden Morgen und Abend meine Rituale, in denen ich die Verbindung lebe, und auch zwischendurch nehme ich immer wieder tiefere Atemzüge ins Herz, höre eine Lieblingsmusik oder gehe kurz an die frische Luft unter Bäumen. Meine Lichtfamilie lässt mich auch immer wieder durch Knacken in den Wänden und Fenstern des Büros wissen, dass sie da ist. Doch wenn die drei Tage dann vorbei sind, ist es trotzdem jede Woche wieder wie ein Fest der Heimkehr und ein ganz tiefes Aufatmen im Herzen und in meinem ganzen System.

Als ich begann, mich regelmäßig mit den zu mir gehörenden Naturwesen zu verbinden, waren die ersten Zeichen von ihrer Seite knackende Wände, Fenster oder Möbelstücke sowie das Knistern von Kerzen und Ähnliches. Die Verbindung von Herz zu Herz begann in den Nächten. Ich erwachte für eine Weile und fühlte eine wunderbare, sich manchmal durch meinen ganzen Körper ausbreitende Berührung im Herzzentrum, in der ich die Liebe der zwei Nächte unserer Wiedervereinigung wiedererkannte. Noch ein halbes Jahr später begannen solche Momente auch tagsüber aufzutreten.

So ist es bei *mir*. Bei dir kann es anders sein. Ich hatte am Anfang etwas andere Vorstellungen, wie so ein Kontakt zustande kommen würde, denn ich hatte den einen oder anderen Menschen kennengelernt, der von sich sagte, er könne mit Naturwesen ganz normal sprechen. Mein Weg dahin geht über das Fühlen. Ich empfange nur selten beim Einschlafen, Aufwachen oder in einer tiefen Meditation Bilder. Für mich ist es wichtig, zu akzeptieren, dass die Freunde sich so melden und zeigen, wie sie es wählen, und ihnen darin zu vertrauen.

Freundschaft

Hast du heute schon einen Freund gegrüßt und ihm seine Schönheit, Weisheit oder Güte gespiegelt? Ihm gesagt, wie sein Leuchten dein Leben bereichert?

*

Du bist heute allein? Dann geh hinaus und schaue den ersten Baum an, der bei deiner Wohnung lebt. Frag dich, ob er dir nicht fehlen würde, wenn er nicht dort stünde! Sag ihm, was sein Dasein dir bedeutet, und lausche mit dem Herzen, was dann geschieht.

Du kannst nicht hinausgehen? Dann sei ein guter Freund für dich selbst. Stehe dir treu zur Seite und danke dir für dein Sein, deinen Mut, deine Liebe, dein Licht, die von innen heraus dein Leben und die Welt um dich herum erhellen.

***

Am Ende der Straße, in der ich wohne, ist die Kuppe eines Hügels. Dort steht ein Jesuskreuz, umgeben von einigen Bäumen. Der größte Baum ist eine Eiche und steht genau auf dem höchsten Punkt. Ich gehe dort fast jeden Tag mit dem Hund vorbei oder auch einfach so, wenn ich nur mal kurz an die frische Luft möchte. Nach Jahren fiel mir eines Tages auf, dass der mächtige Stamm genau am Wegrand steht und ich nur die Hand auszustrecken brauche, um ihn zu berühren, dass ich mich sogar an ihn anlehnen kann, wenn ich nur einen kleinen Schritt vom Fußweg zu ihm hin mache. Ich empfand diese Nähe auf einmal als Einladung.

Ich merkte, dass es sich aber nicht gut anfühlte, ihn einfach so zu berühren. So begann ich, jeden Tag zu fragen: Wo ist heute der richtige Platz für die Begegnung? An einem Platz unter der großen Krone stehen bleiben? Am Stamm? Und dort blieb ich stehen, öffnete mein Herz mit der Absicht, dieses Wesen zu fühlen, von dem ich mich so freundlich eingeladen fühlte. Ich tat das meist für neun sehr bewusste, innige Atemzüge.[3]

So sind wir Freunde geworden. Wenn er merkt, dass ich doch noch irgendwo in einem Winkel meines Herzens traurig oder verletzt bin, obwohl ich mir selbst sage, das geht schon, dann sagt er: »Komm, lehn dich an meinem Stamm an und weine nur. Das wird dir guttun.«

Zwei Köper können einander umarmen. Aber die Seelen können für ein paar Augenblicke verschmelzen, sich im Innern gegenseitig berühren und einander fühlen. Das ist etwas sehr Schönes. Vielleicht bist du noch nie auf die Idee gekommen, dass du so etwas mit einem Baumwesen erleben kannst.

---

3 Am Ende des Buchs im Kapitel *Verbinden, wie machst du das?* beschreibe ich eines meiner kleinen Verbindungsrituale genauer.

Sie sind Teil der Wirklichkeit, der göttlichen Ordnung des Lebens, wie alle Lichtwesen, wie die Engel, wie Jesus und stehen damit außerhalb des Menschenkollektivs mit seinen Bewertungen. Doch sie haben auf ihre Weise einen Körper wie wir. Ich finde, das bringt sie uns so nah. Sie sind mit uns zusammen körperlich hier. Es ist ähnlich wie bei den Delfinen, die ja auch »Engel der Meere« genannt werden. Wir hier in Europa haben die Wälder mit vielen weisen, erderfahrenen, ganz der liebevollen Ordnung des Universums dienenden Baumhütern.

Für mich sind sie ein großes Vorbild: Sie bewerten nicht, was Menschen tun. Sie reagieren darauf, gehen damit um, aber nur, um trotzdem und mittendrin einfach an ihrem Platz sie selbst zu sein und ihre Aufgabe zu erfüllen, so, wie es gerade möglich ist. Wie oft hat mich schon der Anblick eines Baumes innerlich wieder aufgerichtet, wenn ich sah, wie er durch Hindernisse hindurch, um sie herum und manchmal nur aus einem letzten Stückchen lebender Rinde heraus in Richtung Licht weiterwuchs!

Nicht zu jedem Baum gehört so ein Baumhüter. Aber das wirst du schon merken, wenn du anfängst, die Aufmerksamkeit darauf zu lenken.

Raum geben

Wir haben uns aus eurer Welt zurückgezogen, euch den Raum überlassen. Es ist eure Aufgabe, ihn wieder für uns zu öffnen. Wollt ihr das tun?

*

Für unseren Rückzug gab es viele Beweggründe. Einer davon ist die Freiheit: Eure und unsere. Wenn eine Seele unter euch geboren wird, füllt sich ihr Bewusstsein mit Vielem. Und in dem Vielen haben der Ursprung eurer eigenen Seele und die Seele der Natur nur selten einen Platz. Das gibt euch Freiheit. Die Freiheit, euch selbst und auch uns, die in der Natur wirkenden Seelen, aus eigenem inneren Antrieb neu zu entdecken.

Wir sind gar nicht so weit weg. Wir wirken weiter für die Erde in dem Maße, wie es nach den kosmischen Gesetzen möglich ist. Aber unsere Existenz drängt sich euch nicht auf, genauso wie der Ursprung eures eigenen Wesens sich euch nicht aufdrängt. Es gibt Hinweise durch besondere Erlebnisse in der Natur und im eigenen Innern, vielleicht in Träumen oder besonderen Lebenssituationen. Doch es gibt keinen Zwang, ihnen zu folgen.

Diese Freiheit wird im Universum sehr hoch geschätzt und behütet. Nutzt sie!

Entdecke, was geschieht, wenn du mit freundlicher Absicht beginnst, den vorerst nur geahnten Wesen der Natur einen kleinen Platz in deinem Haus oder Garten einzuräumen und diesen in Ehren zu halten und als unseren zu respektieren. Es ist eine Geste, aber gleichzeitig öffnest du damit auch dein Bewusstsein und es wird sich langsam erweitern. Und damit wird sich deine Welt verändern. Tag für Tag liegt das in deiner Hand. Du führst es herbei mit deiner Sehnsucht, deiner Bereitschaft, deiner Achtsamkeit.

Ahnst du die Freude, die auf beiden Seiten ist?

***

Mein Platz befindet sich in meinem persönlichen Zimmer. Es ist einfach ein großer Holzteller, den ich mit grüner Seide, kleinen Steinen, getrockneten Blüten und noch mehr geschmückt habe. Ich habe auch draußen im Garten einen Platz am Fuß unseres Flieders. Dort liegen ein paar ausgewählte Steine und in die Zweige habe ich ein paar bunte Bänder geknotet. Um den Stamm herum lassen wir die Kräuter und Gräser wachsen, wie sie wollen. Aber auch dieser Platz im Haus ist sehr fühlbar besonders. Wenn ich morgens die Tür öffne, empfängt mich mittlerweile immer eine wunderbare Energie, jedes Mal anders und doch immer sehr vertraut und voller Liebe. Manchmal flüstert sie mir ins Herz: »Jetzt wäre ein guter Moment für …« Diesen Hinweisen zu folgen hat mir immer Segen gebracht.

Die Elemente

Jedes Element verändert etwas dein Bewusstsein, wenn es dich berührt. Du kannst das zulassen, wenn du wieder weißt und fühlst, dass in deinem Herzen die Liebe zu Hause ist, die alles verbindet und immer für Ausgleich sorgt.

*

Welches Element brauchst du heute besonders? Welches würde dir jetzt guttun? Möchtest du den Wind auf deiner Haut fühlen? Oder möchtest du ihn bitten, dir sanft lästige Gedanken fortzublasen? Sehnst du dich nach der Wärme der Sonne oder eines Feuers, nach dem Licht? Nach Wasser, das dich umspült oder der stillen Klarheit eines Sees, dem Murmeln eines Bachs? Oder ist es eher die Erde mit ihrer tragenden Kraft oder ihren in vielen Farben leuchtenden Kristallen?

Nutze die Elemente für dich, indem du in die Natur hinausgehst und dich durch Berühren, Bewegen und deine Aufmerksamkeit mit ihnen verbindest.

Bedanke dich für ihre Geschenke. So beginnst du einen Tanz des Gebens und Nehmens mit ihnen. Du kannst zum Beispiel dieses Zeichen in die Erde oder die Luft zeichnen:

In ihm ist die Vierheit der Elemente in Einheit und Harmonie verbunden und gleichzeitig sind in ihm die Wärme und das Leuchten enthalten, die sich im Herz ausdehnen, wenn es Liebe und Dankbarkeit fühlt.

Dieser Tanz bringt dir und der Erde mehr Heilung als du jetzt ahnen kannst.

Wir laden euch ein, aus der Liebe eurer Herzen Freundschaft mit den Elementen zu schließen. In dieser Zeit der großen Umwälzungen entsteht bei vielen Menschen, die sich noch getrennt fühlen, Angst vor dem Wirken der Elemente. Gehe ihnen als Beispiel voran und zeige durch dein Leben, dass ein Leben in Harmonie mit den Elementen möglich ist. Auch in ihnen wirken Wesen, die der Liebe und dem Wohl des Großen und Ganzen dienen. Hilf den Menschen, aus dem Tanz der Angst auszutreten, den das kollektive Gedankengut fördert.

***

Zu diesem Thema würde ich gern noch ein ganzes Buch schreiben oder ein Kartenset gestalten. Wie oft haben mich die Elemente getröstet und besänftigt, auch schon bevor ich meine Lichtfamilie wiederfand. Ich habe in meinem Leben sehr oft gefühlt, dass etwas fehlte, viel fehlte, ohne zu wissen, was es war.

Damit umgehen zu müssen, hat mich zum Beispiel den Zauber des Nebels entdecken lassen. Äußerlich fühlt er sich nass und kalt an. Aber mit der Zeit entdeckte ich, dass das nicht alles ist. Er schenkte mir immer wieder Geborgenheit und das kostbare Gefühl, nicht allein zu sein. So oft schienen in ihm vertraute Geschwister anwesend zu sein, die meinem Herzen diese Botschaft zuflüsterten. Ich konnte sie nicht sehen, aber ich fühlte ihre Gegenwart, die mein Herz genau dort, wo sonst die schmerzliche Leere war, mit Frieden füllte. So kam es, dass ich für mich das Element Wasser nun »Schwester Wasser« nenne.

Wenn du spürst, dass du etwas Angst vor den Elementen in dir trägst, kann ich dir empfehlen, dich tiefer mit der Christusenergie zu verbinden, das heißt mit der Quelle der Dankbarkeit für das Leben, der Vergebung und des Mitgefühls. Sie schenkt uns die Kraft der Versöhnung mit allem, was ist. Für meine Wahrnehmung trägt jeder Mensch einen Funken davon in sich und kann ihn zu einer großen Sonne werden lassen.

Heilung

Ihr bewirkt Heilung für uns, wenn ihr beginnt, zu erwachen und die feinen Energien in euch selbst und um euch herum wahrzunehmen und zu achten.

*

Vielleicht war dir bis jetzt noch nicht bewusst, dass auch *wir* Heilung benötigen. Wir kennen kein Vergessen. Das bedeutet nicht nur, dass wir wissen, wer wir sind und sehr viel Wissen aus allen Zeiten der Erde aufbewahrt haben, es bedeutet auch, dass unsere leidvollen Erfahrungen mit Menschen noch in unserem Bewusstsein sind.

Auf der emotionalen Ebene ist das eine Energie, die Ausgleich benötigt: Erfahrungen des Wahrgenommenseins, der Anerkennung und Achtung, der Freundschaft, der Freude, die wir mit euch erleben.

***

Als mir 2020 klarwurde, dass ich meine Lichtgemeinschaft wiedergefunden hatte, weil mein laut klopfendes Herz mir eine ganze wache Nacht durch sagte, dass wir wieder gemeinsam auf dieser Erde leben und vielen Menschen beim Übergang in die neue Zeit des Friedens beistehen würden, folgten auf diese Nacht Tage, an denen ich mich schrecklich fühlte. Emotionen wallten in mir auf, die von Schuld, ohnmächtiger Wut, Versagen und Trennungsschmerz sprachen. Ich fühlte wohl alles, was ich persönlich in mir trug oder was als kollektive Prägung in mir war, was dieser Vision der Liebe entgegenstand. Ich sah keine Bilder, aber es half mir, diesen Gefühlen zuzuhören und sie in dazu passende Geschichten und Bilder zu kleiden.

Zum Schmerz der Trennung der Welten von Menschen und Naturwesen fiel mir zum Beispiel eine Situation aus meiner Kindheit ein: Ich war etwa drei Jahre alt gewesen und hatte zum ersten Mal bewusst Weihnachten erlebt. Der Baum wurde von den Erwachsenen geschmückt, ich durfte nicht dabei sein. Hinter einer verschlossenen Tür musste ich warten. Ich wartete aber nicht, ich tobte. Stunden saß ich hinter der Tür, hämmerte gegen sie, schrie und weinte. Deswegen kann ich mich auch noch so gut erinnern. Es waren sehr intensive Gefühle von Verzweiflung und Wut. Ich kann mich aber auch noch an den stillen, mich beglückenden Zauber erinnern, als ich dann am Abend den leuchtenden Baum sehen durfte.

Heute kommt mir dieser Weihnachtstag wie eine Vorschau auf mein Leben vor: Lange unbewusst, irgendwann dann bewusster, spürte ich die Sehnsucht nach etwas Wunderschönem, das ganz nah und doch unerreichbar fern schien. Den Weg zurück ging ich lange Jahre nicht bewusst. Das Leben führte mich durch Situationen, die diese Bereiche in der Seele schmerzlich berührten, in denen ich herausgefordert wurde, meine Gefühle und mein Denken immer ruhiger und liebevoller zu meistern.

Bei mir brauchte die Heilung viel Zeit und Geduld, deswegen kann ich mir gut vorstellen, dass das nicht nur bei mir so ist. Die Wesen der Anderswelt werden keine Gefühle der Wut und Verzweiflung oder des Versagens und der Schuld haben, wie wir sie kennen. Solche Emotionen entstehen meiner Meinung nach aus dem Vergessen und der Unwissenheit, die die Inkarnation auf der Erde mit sich bringt, zusammen mit der Prägung durch die menschliche Kultur. Doch weiß ich, dass es gerade für die Elben sehr schwer mit anzusehen war, was aus den Menschen wurde, sodass sie sich möglichst weit davon zurückzogen. Sie kommen nur in unsere Dimension, um für die Erde zu wirken oder um Menschen zu unterstützen, die sie aus einem liebenden Herzen darum bitten.

Ich denke, jedes liebende und fühlende Wesen würde es als Schmerz empfinden, Seelen in Menschenkörpern zuzusehen, wie sie sich in Unwissenheit immer tiefer in Energien verstricken, die das feine Leben in ihnen verletzen. Besonders schmerzhaft ist es, wenn man diese Seelen kennt und vor der Trennung tiefe Beziehungen mit ihnen eingegangen ist, alles getan hat, um sie glücklich zu sehen und zu unterstützen. Der Riss zwischen den Welten geht mitten durch viele Herzen. Doch wie groß ist die Freude, wenn inkarnierte Menschen sich wieder erinnern, als Seele erwachen und bewusst die Verbindung erneuern!

Vertrauen

Könnt ihr uns vertrauen? Was ist euer inneres Bild von uns?

*

Es ist wichtig, dass euch das bewusst wird, denn wenn dieses Bild mit Angst behaftet ist, werdet ihr nicht vertrauen und euch für den Kontakt mit uns nicht öffnen können.

Wir sind lichte Wesen, das bedeutet, dass wir immer im Einklang mit der Ganzheit des Lebens handeln, nach Ausgeglichenheit streben und die Freiheit eines jeden Seelenlichts respektieren.

Wir haben, von eurem Standpunkt gesehen, besondere Fähigkeiten der Wahrnehmung und des Wirkens mit Energie. Aber zum Beispiel setzen wir diese niemals dazu ein, in der Seele eines Menschen zu lesen, der uns dies nicht erlaubt. Das ist euer Privatbereich. Solange wir von euch keine Signale wahrnehmen, dass ihr mit uns ins Verbindung treten möchtet und uns erlaubt, die Absicht darin zu überprüfen, halten wir uns fern.

Befreit euch von alten, unwahren Bildern und zeigt durch ein kleines Ritual, dass ihr bereit seid, von uns als Seele gesehen zu werden. Wählt zum Beispiel einen besonderen Stein aus und legt ihn als Ausdruck dieser Bereitschaft an den Platz in eurem Lebensbereich, den ihr für uns behütet. Über diesen Platz als Zeichen für eure Absicht der erneuten Verbindung mit uns sprechen wir an anderer Stelle.[4]

***

Ich bin ein sehr empfindsamer Mensch. Weil ich aber lange mit meinen Empfindungen und Emotionen nicht gut

---

4 In der Botschaft *Raum geben.*

zurechtkam, sie schlecht deuten und oft nur schwer aushalten konnte, steuerte ich mich sehr viel mit dem Kopf. Ich gewöhnte mich in den ersten Jahrzehnten meines Lebens daran, mit einer gewissen Härte über das, was ich fühlte, hinwegzugehen, um mich in mein Umfeld einzufügen.

Heute kann ich sehen, wie diese Härte auf mein Gefühlsleben zurückwirkte und damit auch auf meine Beziehungen: Anstatt in Ruhe zu fühlen, projizierte ich schnell meine eigene innere Strenge mit mir selbst in andere hinein. Und das so fast unbewusst entstehende Bild meines Gegenübers machte mir dann Angst, die wiederum Trennung und Abstand erzeugte. Ein richtiger Teufelskreis! Deswegen dachte ich am Anfang meines Kontaktes mit den Naturwesen ständig, dass ich etwas falsch machte, fühlte mich weit weg und dachte überhaupt zu viel über dieses Thema nach.

Was mir da heraushalf, war das Bewusstwerden dieses tückischen inneren Kreislaufs und das energische Immer-Wieder-Beiseiteschieben des Denkens zugunsten des Wahrnehmens und des Vertrauens in die Liebe und Treue meiner Freunde. Das zusammen mit der Besinnung auf einzelne, tief gefühlte Momente der Begegnung flocht ich in kleinen Ritualen in meinen Alltag ein, womit sich die alte Gewohnheit nach und nach auflöste.

Das war, was mir im Wege stand. Bei dir kann es etwas anderes sein. Es wird sich zeigen, weil deine Absicht für die Erneuerung deiner Freundschaft mit den Wesen der Natur eine starke, gebündelte Energie ist, die fühlbar an ihr im Weg liegende Hindernisse anstößt. Ich hoffe sehr, dass das geschilderte Beispiel dich inspiriert, deine ganz persönlichen inneren Hindernisse klar zu erkennen, sanft zu umgehen und sie nach und nach mit Hilfe der lichten Begleiter aufzulösen. Es ist ein Prozess, den du sicher schon oft erlebt hast: Es bilden sich neue Gewohnheiten, vor allem neue Denkgewohnheiten, die die alten langsam in den Hintergrund treten lassen.

Augen

Bei uns sind Augen der unmittelbare und vollständige Ausdruck unseres Herzens, unserer Seele. Wie ist das bei dir?

*

Manchmal erscheinen Naturwesen Menschen scheinbar überraschend. Das geschieht aber sehr selten und hat in der Regel den Grund, dass eine alte Freundschaft besteht und es verabredet ist, dass wir euch an sie erinnern. Dahinter steckt viel Mut, Liebe und Treue. Deswegen bedanke dich immer, wie ungewohnt das Erlebnis für dich auch sein mag, denn ein Wesen, das sich direkt von Angesicht zu Angesicht zeigt, bietet dir seine ewige Freundschaft an oder erinnert dich an diese. Schau in seine Augen und alles, was für dich fremd erscheint, wird im Erkennen der Seelen verblassen.

Wenn du einen solchen Moment erleben konntest, feiere ihn mit einem kleinen Fest für dich. Hier ein Beispiel, wie du das tun kannst: Suche dir ein reines Wesen, zum Beispiel einen Baum, mache ihm ein Geschenk und lass ihn das dankbare Leuchten in deinem Herzen sehen, erzähle oder singe, was du erlebt hast und was es dir bedeutet. Er wird es für dich aufbewahren. Und zusammen könnt ihr es, wann immer du es brauchst, wieder hervorholen.

***

Denke nicht, dass ich ständig Naturgeister um mich herum sehe. Das geschieht nur sehr selten in besonderen Momenten zwischen Schlafen und Wachen oder in der Stille der Natur. Tagsüber fühle ich mehr und mehr ihre Gegenwart als eine Schwingung der Liebe, die mich umgibt, mich manchmal zart im Herzen oder an der Stirn wie ein Hauch berührt und flüstert: »Wir sind da. Du bist nicht allein hier.«

Gerade an Nachmittagen verändert sich oft mein Bewusstsein nochmal so, dass der Verstand mehr hervortritt und diese zarten Erlebnisse anzweifelt. Sein scharfer, strenger Blick sagt dann manchmal: »Was bildest du dir ein?« Wenn er mir zu sehr zusetzt, nehme ich mir kurz Zeit, still zu werden und mich an meine schönsten Erlebnisse zu erinnern, die ich bei wachem Bewusstsein hatte, welche er mir nicht wegzweifeln kann. Das sind vor allem die Momente, in denen ich meinen lieben Freunden in die Augen schauen durfte. Die Liebe, die ich darin sah und fühlte, löst für mich immer wieder alle Zweifel auf.

Meine liebe Beraterin, von der ich auch im Nachwort spreche, hat mich beruhigt, dass diese Art von Bewusstseinsveränderung und Zweifeln an Nachmittagen ganz normal ist. So habe ich alle 36 Botschaften an Vormittagen aufgeschrieben. Mittlerweile kann ich mich manchmal auch an Nachmittagen gut auf das Empfangen von Botschaften einstellen. Aber für den Anfang habe ich mich ganz und gar an ihren Rat gehalten, es am Vormittag zu tun. Vielleicht bemerkst du es bald selbst, wenn du versuchst, ein paar dieser Botschaften zu befolgen, welche Tageszeit dich dabei am meisten unterstützt.

Gemeinsam erschaffen

Eine Gemeinschaft von Bäumen erschafft einen besonderen Lebensraum. Unter den Zweigen der Bäume finden viele Lebewesen Schutz und Heilung und können frische, belebende Energien aufnehmen.

*

Gemeinsam mit euch und den Baumhütern können wir in den Wäldern viele verschiedene Bereiche auch für das Leben der Menschen erschaffen. Orte der Schönheit, der Heilung, der Erkenntnis, der Gemeinschaft, die sich harmonisch in das Leben aller Wesen einfügen.

Wenn du dich zu dieser Zusammenarbeit mit uns gerufen fühlst, dann vertraue fest darauf, dass wir dich an sie heranführen werden. Für die neue Erde brauchen wir Menschen, die von uns geschult werden, wie neue Bereiche und Strukturen für Menschengemeinschaften in Harmonie mit dem Leben von Pflanzen und Tieren erschaffen werden können.

Du kannst deine Absicht durch ein kleines Ritual bekunden. Du kannst schon jetzt beginnen, bei kleinen Entscheidungen für deinen Lebensraum die Frage an uns zu richten, welche Variante wir bevorzugen würden. Du musst damit nicht warten, bis wir wie früher miteinander sprechen oder Gedanken unmittelbar austauschen können. Wir werden immer einen Weg finden, dir zu antworten, und so können wir langsam unsere Kommunikation gemeinsam entstehen lassen. Jeder Mensch hat andere Kanäle, über die wir ihn besonders gut erreichen können. Bevor das soweit ist, wirst du unsere Botschaften über Geräusche und Zeichen erhalten. Das können Luftbewegungen sein, das Singen eines Vogels, Knacken, Sonnenstrahlen, die etwas aufleuchten lassen, ein Gefühl von Wärme, die dich berührt, und so vieles mehr.

Bevor wir gemeinsam das neue Leben gestalten, können wir vieles tun, dir das Durchleben dieser augenblicklichen Phase des Umbruchs auf der Erde zu erleichtern. Du wirst in der immer bewussteren Verbundenheit mit uns zum Beispiel deine Aufenthalte in der Natur für tiefere Entspannung und Erholung nutzen können.

***

Wie genau das Erschaffen und Gestalten neuer, sich harmonisch in das Leben der Erde einfügenden Lebensräume für Gemeinschaften geschehen wird, weiß ich im Moment nicht. Es wird sich ergeben. Aber dass wir in eine neue, die ganze Erde umfassende Energie überwechseln werden, in der das möglich ist, das weiß ich so sicher, wie ich nur etwas wissen kann.

Meine Sicherheit gründet sich einerseits auf einzelne kurze, aber tief gefühlte Visionen. Eine meiner Visionen hatte ich beim Aufwachen: Ich fand mich als Teil einer kleinen Gemeinschaft am Strand wieder und einige von uns spielten mit Delfinen im Wasser. Alle Farben waren ganz anders als ich sie heute erlebe, gesättigter, leuchtender. Selbst die Luft hatte ansatzweise eine Farbe: Ein Rosa, das der Liebe und Geborgenheit entsprach, die als Grundschwingung alles durchdrang.

Zum anderen baue ich meine Sicherheit auf meine Erfahrungen der Liebe: Die Erfahrung der Liebe von Jesus, des Waldvolks und meiner Lichtfamilie, die mich jahrzehntelang unbemerkt unterstützt und geduldig auf mein Erwachen gewartet hat, der Liebe der Sternengeschwister aus dem Universum, der Liebe Gottes, die alles trägt, durchdringt und belebt. Sie haben uns nie vergessen. Sie begleiten jeden Schritt der Entwicklung der Erde und einzelner Menschen.

Ich habe Mathematik studiert und kenne die Wissenschaft ein bisschen. Wegen all dieser Erfahrungen glaube ich nicht, dass eine noch so vollkommene Wissenschaft uns in die Lage versetzen wird, gemeinsam in Frieden miteinander und der Erde zu leben. Dazu braucht es eine gemeinsame Schwingung, an die jedes Wesen erfahrbar, fühlbar angeschlossen ist.

Ich erfahre den Kontakt mit dem Waldvolk oder meiner kleineren Lichtfamilie, den Kontakt mit Jesus, und einmal habe ich so auch ganz bewusst den Kontakt mit Wesen aus dem Universum erfahren, vor allem als eine gemeinsame Liebesschwingung, die entsteht, wenn ich es zulasse und ihr Raum und Zeit gebe. Dann bildet sich eine tragende Verbindung, innerhalb der ich auch Informationen erhalte oder den Austausch von Energien bemerke. Immer öfter habe ich den Eindruck, dass diese Verbundenheit wie ein Feld um mich herum auch lange über meine kleinen Rituale hinaus bestehen bleibt. So kann ich mir mehr und mehr vorstellen, wie das Leben in der neuen Erdenergie sein wird. Aus einem solchen Feld heraus spreche und handle ich ganz anders.

Im Augenblick verwende ich die meiste Aufmerksamkeit darauf, dass eine solche Verbundenheit überhaupt entsteht, denn in meinem Alltag geht sie mir immer wieder verloren. Meinem Verstand kommt das manchmal wenig vor, doch ich fühle tief, dass es der richtige Weg für mich ist. Das Anliegen dieses Buchs ist vor allem, Verbundenheit zu erzeugen und zu fördern. Um Informationen über Naturgeister geht es erst in zweiter Linie. Ich nehme immer wieder verschiedenste Wesen wahr. Die meisten kann ich selbst nicht einordnen. Es ist der Eindruck einer großen Fülle an Völkern von Wesen, über die ich staune, mich freue und darauf vertraue, dass ich mich nach und nach mit Hilfe der mir vertrauten Wesen in dieser Welt zurechtfinden werde, so, wie ich als Kind auch gelernt habe, mich hier auf der Erde zurechtzufinden.

Schon bevor die ganze Erde in die neue Energie eintritt, können mit Hilfe dieser Botschaften Gemeinschaften von Menschen und Naturwesen entstehen, welche in dem auf uns zukommenden Übergang tragend und unterstützend für die große Menschengemeinschaft wirken. Die sich in solchen Gruppen aufbauende und lebendig gehaltene Liebesschwingung bereitet auch die Kommunikation und den Austausch mit den friedlichen, lichtvollen Sternenvölkern vor. Die Naturwesen arbeiten längst mit ihnen zusammen. So werden wir Unterstützung bei der Gestaltung des neuen Lebens auf der Erde erhalten.

Gemeinsam feiern

Lade uns zu deinen Festen ein, wenn du möchtest.

*

Vielleicht hast du oder jemand in deiner Familie bald Geburtstag oder es steht eine andere Art von Fest an. Du kannst uns auch in die Wahl des Ortes, der Musik, der Kleider oder anderer Elemente deines Festes einbeziehen.

Dann feiere dein Fest. Gib dich ganz der Freude, der Inspiration, dem Fluss des Geschehens hin. Vielleicht bemerkst du dabei erst einmal gar nicht, was wir dazu geben und auf welche Weise wir anwesend sind.

Doch ganz sicher wirst du im Nachhinein in einem Moment des Innehaltens den Zauber bemerken, mit dem wir unter euch waren, und die Geschenke, die wir brachten. Dann geh zu dem Platz in deinem Haus oder Garten, wo du mit uns sprichst, und lass aus deinem Herzen fließen, was du uns von deinen schönen Erlebnissen erzählen möchtest, und gib uns zum Ausgleich, was deine Seele dir rät.

Einen Versuch ist es wert, oder?

***

Letztes Jahr habe ich meinen fünfzigsten Geburtstag gefeiert. Ich tanze zwar sehr gerne, doch fühlte ich mich nicht gleich so wohl mit dem Gedanken, groß zu feiern. *Es sind so viele verschiedene Menschen, die da zusammen kommen*, sagte mein Verstand. *Wie soll das gehen?*

Ich ging mit meinen Sorgen zu dem Fliederbusch, wo ich gerne mit meiner Lichtfamilie spreche, und lud sie auch zum Fest ein: »Bitte kommt auch! Mit euch wird es bestimmt wunderbar! Mit euren Zauber wird sich alles gut fügen!«

Trotz des plötzlichen Ausfalls einiger Musiker war das Fest vom ersten Augenblick an perfekt. In dem Moment, in dem ich den Raum betrat, begann ich vor Freude zu strahlen und hörte nicht mehr auf, bis der Letzte gegangen war. Eine Freundin brachte mir eine Krone aus Blüten und Zweigen und mein heftig klopfendes Herz wusste sofort, *wer* sie inspiriert hatte, mir gerade dieses Geschenk zu machen. Bei der kleinen Rede, die ich hielt, war ich völlig entspannt und sprach zum ersten Mal im Leben klar und sicher in ein Mikrofon. *Ist das meine Stimme?*, fragte ich mich kurz. Doch ich dachte nicht darüber nach, sondern gab mich weiter dem Fluss der Energien hin. Denn alle Menschen waren glücklich, mochten die Musik, das Essen, die Rede und strahlten mit mir. Ich weiß nicht, wie ich dieses Erlebnis in Worte fassen soll. Es enthielt so viele Wunder und Geschenke für mich. Wunder sage ich, weil ein Zauber wirkte, der mich selbst und vieles, was geschah, über das hinaustrug, was ich mir gewünscht und vorgestellt hatte.

Nach dem Fest ging ich wieder zu dem Ort, wo ich die Einladung ausgesprochen hatte, und bedankte mich unter Tränen für dieses riesige Geschenk.

Vielleicht erinnert sich deine Seele an die Feste, die sie in anderen Inkarnationen mit den Naturwesen gefeiert hat, an diese hochschwingende, unwiderstehliche Freude, die sie in uns zum Klingen bringen können.

Besuche

Bemerkst du, dass wir dich manchmal besuchen? Oder möchtest du unser Leben kennenlernen und uns ebenfalls besuchen?

*

Wir freuen uns sehr, wenn du unser Leben kennenlernen möchtest. Setze dich nicht nicht unter Druck und gehe es spielerisch an, wenn du das Bedürfnis fühlst, uns zu besuchen. Die Schwingungen unserer Welten sind noch sehr verschieden. Die Schwingung deines Alltagslebens, deines inneren Gedankenlebens ist vielleicht nicht immer mit der unseres Lebens vereinbar.

Deswegen brauchst du persönlich vielleicht einige Vorbereitung, um bewusst eines der Tore zwischen den Welten zu durchschreiten. Wir empfehlen dir, einen lichten Hüter deiner Reisen auszuwählen. Es kann ein Engel oder ein Meister sein, zu dem du als Seele und als Mensch in dieser Inkarnation schon ein tiefes Vertrauen aufgebaut hast. Lass dich von ihm vorbereiten.

Wenn du den Wunsch fühlst, uns zu besuchen, setze oder lege dich für eine Zeit in einen ruhigen Raum. Das muss nicht in der Natur sei. Werde so ruhig, wie es dir möglich ist und rufe deinen gewählten lichten Freund, dich zu unterstützen. Mach dir immer wieder bewusst, dass keine Anstrengung nötig ist. Es ist eine Frage der Angleichung der Schwingungen. Fühle deinen Wunsch, fühle die Liebe in ihm. Vertraue, dass sie zusammen mit der deines Hüters das in dem Moment Bestmögliche bewirken wird.

Vielleicht ist dazu noch wichtig zu wissen, dass nicht alle Aspekte deiner Seele von deiner Erfahrung als Erdenmensch berührt werden. Sogar die meisten von ihnen können davon gar nicht berührt werden. Dafür sorgt die göttliche Ordnung.

Diese Teile deiner Seele sind immer reisebereit und werden in solchen ruhigen Momenten von deiner liebevollen Absicht und deinem Begleiter zu uns getragen.

Die Aspekte deiner Seele, welche in deinem Tagesbewusstsein als Mensch aktiv sind, werden gerade bei starker mentaler Ausrichtung deines Alltagsbewusstseins nicht gleich reisefertig sein. Künstler und Kinder, die mehr gewohnt sind, ihrer Fantasie und ihren inneren Bildern zu vertrauen, werden es leichter haben. Auch wenn anfangs für dein Menschenbewusstsein scheinbar nichts passiert, lass dir versichern, dass dem nicht so ist. Bitte deinen lichten Freund, es dir zu zeigen und allmählich fühl- und sichtbarer werden zu lassen. Sprich mit ihm über deine Gefühle, Fragen und Bedenken, die aufkommen, wenn du so dasitzt. Lass dir von ihm helfen, auch auf diesen Ebenen zur Ruhe zu kommen.

Er wird dich fühlen lassen, wenn es soweit ist, dass du auch mit deinen bewussten Seelenaspekten reisen kannst. Du bemerkst dann ein Tor, das kann ein Brunnen sein, der Eingang zu einer Höhle, in einen Baum oder vieles mehr. Oder du bemerkst die Gegenwart deines Führers, denn sobald wir deine Absicht empfangen, wird auf unserer Seite ein Führer für dich gewählt. Dieses Wesen wird dich finden. Erwarte es voller Freude, Vertrauen und Gelassenheit. Es wird deine Aspekte sicher wieder zurückbringen und deinem lichten Freund übergeben.

***

Obwohl ich selbst mich tief in meiner Seele dem Reich der Naturwesen zugehörig fühle, hatte ich doch alles vergessen und musste mich Schritt für Schritt zurückfinden. Bei meinen ersten Versuchen war ich oft frustriert. Mir wurde klar, dass ich Zeit und Geduld brauche. Mein lichter Begleiter und Berater ist Jesus. Ich verbringe oft Zeit mit ihm, einfach weil es schön ist, weil ich mich bei ihm fallenlassen und anlehnen kann, ihm alles erzählen und alles fragen kann.

Als ich zu ahnen begann, dass in einer manchmal so nah und doch auch immer wieder unerreichbar scheinenden Welt mir vertraute und teure Wesen leben, habe ich es anfangs auch ohne ihn probiert. Das hat für mich nicht gut funktioniert und mich einige Male sehr traurig werden lassen. Jesus half mir, mit all diesen Gefühlen umzugehen, die aufkamen, weil ich etwas sehr ersehnte und doch Geduld und erweitertes Verständnis brauchte, um es zu erlangen. Die Welten sind nicht umsonst getrennt. In meinem Alltag als Mutter und Mitarbeiterin eines Finanzinstituts herrscht oft das Mentale vor: Problemanalysen, To-Do-Listen, Zeit im Auge behalten … Das ist den Freunden in der Anderswelt fremd. Sie arbeiten anders.

Wer wie ich im Alltag eher mental ausgerichtet ist, braucht meiner Erfahrung nach Geduld und einen weisen, liebevollen Begleiter. Bei mir war die Sehnsucht manchmal so groß und doch war es oft einfach nicht soweit. Das kann die verschiedensten Gründe haben: Zum Beispiel sind manchmal vielleicht die Energien nicht ausgeglichen, weil das Kind in dir in letzter Zeit zu kurz gekommen ist. Schließlich verschieben auch wir sonst Reisen, wenn wir uns nicht gut fühlen, es wegen Unwetter ein Verkehrsproblem gibt, das Geld nicht ausreicht …

Wenn du dich regelmäßig mit der Absicht hinsetzt, deine Freunde aus der Anderswelt zu besuchen, einfach ruhig wirst, der Wertschätzung, der Liebe Raum gibst, die du für sie empfindest, dich selbst liebevoll beobachtest, wird viel geschehen. Diese Energie, die du für solche Besuche aufbringst, geht nicht verloren! Sie kommt an, verändert nach und nach auch dein Energiesystem und öffnet es für die feinen Energien.

Aus der Ruhe und dem tieferen Fühlen solcher Momente heraus kannst du auch deine Fantasie nutzen und dir das

Waldvolk vorstellen. Du merkst dann schon, wenn etwas sich nicht stimmig anfühlt.

Wir Menschen können so viel lernen. Bei unseren ersten Versuchen sind wir oft angespannt, manches Mal auch enttäuscht, dass es nicht gleich klappt, wie wir es uns vorstellten. Mit der Zeit verfliegt aber alle Anspannung und weicht der Entdeckerfreude, bis wir uns schließlich vertraut, ja, *selbstverständlich* in dem neuen Gebiet bewegen.

Aus genau den gleichen Gründen, aus denen uns das Reisen schwerfällt, bemerken wir die Besuche aus der anderen Welt anfangs meist nicht. Wie oft fühlst du einfach nur dich und was dich umgibt mit Herz und allen Sinnen?

Teilen

Teile deine Träume und Visionen mit uns.

*

Vielleicht brauchst du als ersten Schritt, dass du dir große, bunte, lebendige Träume davon erlaubst, wie alle Lebewesen auf der Erde in gegenseitiger Achtung, Frieden und Freiheit leben. Denn warum solltest du es dir nicht erlauben? Wer sonst als die Bewohner des Planeten und der Planet selbst sollte so träumen und manifestieren? Hast du Freunde, die deine Träume kennen und teilen?

Setz dich in Stille und Ruhe nieder und erlaube uns, die Bilder zu sehen, die du aus dem Zentrum deiner Liebe und Schöpferkraft mit deiner Fantasie erzeugst. Auch wir werden Wege finden, dich in deinen Träumen oder stillen Momenten unsere Welt sehen und fühlen zulassen. Wir leben unsere eigene Ursprünglichkeit, doch haben auch wir Visionen vom mit der Menschenwelt wieder vereinten Leben. Die umfassende Ursprünglichkeit des Lebens beinhaltet auch die Vollständigkeit der Vereinigung unserer Welten. So können sich unsere und deine inneren Bilder nach und nach vereinen und als Energiemuster in die jetzt entstehende neue Erde eingewoben werden.

***

Ich brauchte einige Ermutigung, so zu träumen. Die ersten Versuche waren ungelenk und ständig kamen mir irgendwelche Bedenken. Ich habe diese Ermutigung von meiner spirituellen Ausbildung bekommen, die mir ein Gefühl dafür vermittelte, wie viele Wesen an einem Manifestationsvorgang beteiligt sind, dass wir nicht alles allein tun und bedenken müssen. Das blockiert nur unsere innere Kreativität, das schöpferische, göttliche Kind in uns. Es geschieht nicht mit dem Verstand. Diesen brauchen wir vor allem für die Umsetzung in Raum und Zeit, welche aber erst ganz zum Schluss kommt. Zuerst entsteht alles in unserer inneren Welt, welche aber auf magische Weise mit den inneren Welten anderer Schöpferwesen verbunden ist. Mir half es, zu wissen, dass es Wesen gibt, die unsere Träume in das große Gewebe des Lebens einweben, mir vorzustellen, dass ich die innerlich erschaffenen Bilder in Liebe hülle, loslasse und an sie übergebe. Das ist für mich persönlich viel leichter vorzustellen, als dass eine lebendige, neue Welt des Friedens mit dem Verstand erschaffen werden kann. Ich kenne diese Wesen nicht im Einzelnen, so, wie ich auch nicht die Menschen kenne, die mein Haus gebaut haben. Aber ich weiß, dass die Naturwesen, insbesondere die Elben, bei diesem Einweben mitwirken.

Schon viele Jahre habe ich immer wieder von einer Welt geträumt, in der wir zusammen mit den Naturgeistern leben. Die konkrete Möglichkeit, daran mitzuwirken, kam 2022 zu mir. Dann hatte auch der Verstand bei der Frage, wie und mit wem dies sein sollte, etwas zu tun. Vorher waren es aus meiner Sehnsucht entstandene innere Bilder. Die schönsten, lebendigsten entstanden am Anfang in der warmen Badewanne. Und daran war mein Verstand, um ihm die Ehre zu geben, durchaus beteiligt, denn er löste die Aufgabe: Wie organisiere ich es in einer großen Familie, mal eine halbe Stunde ungestört in der Badewanne zu liegen?

Schon bevor meine konkrete Arbeit begann, zeigten meine vertrauten Wesen mir in einigen kostbaren Momenten ihren Teil der neuen Erde: Die Wälder. Ich fühlte sie mehr, als dass ich sie im Detail sah. Vor Kurzem durfte ich das nochmal für einige Minuten erleben: Sie sind so lebendig! Eine Lebendigkeit und Vielfalt der Energien, die das Herz und alle Sinne mit sanftem Zauber liebevoll und heilend berühren und verwandeln. Mir laufen beim Schreiben der Erinnerung die Tränen. Für mich sind sie mein Zuhause in der neuen Welt.

Ich bin ganz sicher, dass viele Wesen anderer Sterne unseres Universums uns auf der neuen Erde besuchen werden, nur um einmal für eine kleine Weile in unseren Wäldern die Energien aufzunehmen! Das wird nicht beliebig möglich sein, denn wir werden unsere Wälder behüten und schützen, wie alles Schöne und Kostbare auf unserer Erde.

Entstehung des Buches

Wie ich meine Lichtfamilie wiederfand und wie ich erkannte, dass es mein Auftrag ist, eine Brücke zwischen den Welten von Mensch und Naturwesen zu sein, ist eine lange Geschichte. Ich könnte verschiedene Anfänge wählen. Sicher hat es eine große Rolle gespielt, dass ich zwar in Berlin geboren wurde, aber die ersten vier bis fünf Jahre bei meiner Oma im Wald leben durfte.

Doch heute weiß ich: Den Ausschlag dafür, dass sich mir meine Lichtfamilie aus dem Reich der Naturgeister wieder zeigen konnte, gaben mein Entschluss, als Seele zu erwachen, und meine Hingabe an seine Umsetzung. Sie bestätigen das gerade lebhaft!

2014 hatte ich einen sehr besonderen Traum: Ich kam an eine Tür und wusste: Das ist die *Tür der Türen*, auf die ich mein ganzes Leben gewartet habe. Sie öffnete sich in eine Welt des Lichts. Aber ich sah vor allem das Lichtwesen, das mich in Empfang nahm und mit sehr freundlichen, ermutigenden Worten begrüßte.

So vorbereitet, ergriff ich Anfang 2015 die Gelegenheit, einen Weg des Erwachens zu gehen, auf den mich ein weiteres Erlebnis hinwies. Denn als ich zufällig ein kleines Jesus-Channeling des Mediums Sabine Sangitar Wenig las, in welchem Jesus den Leser zu diesem Weg einlädt, weckten diese Worte meine Erinnerung an meine persönliche Verbindung mit ihm, die ich auch als Teenager schon einmal überwältigend stark gefühlt hatte. Ohne noch viel zu forschen oder zu überlegen, begann ich nach ein paar Wochen, die CDs anzuhören und die Übungen zu vollziehen, die dieser Weg des Erwachens beinhaltete.

Von heute aus beschreibe ich das so: Wir sind im Kern wunderbare göttliche Lichtwesen. Wir sind die Liebe selbst mit all ihren Facetten, ihrem Licht und ihrer Macht. Das

In-Einen-Körper-Geboren-Werden hat uns das nur vergessen lassen. Erwachen bedeutet, das wiederzuerkennen und zu fühlen. Und je mehr wir dem wieder Raum geben, kommen die Erinnerung an uns selbst als Seele, an unsere Seelenzugehörigkeit und an über dieses Erdenleben hinausgehende Erfahrungen in unser Bewusstsein. Und vor allem treten nach und nach die wahren Attribute unseres Seeleseins hervor, bis sie irgendwann stärker leuchten und wirken als alles, was uns von der menschlichen Zivilisation eingeprägt wurde.

Zum Jahreswechsel 2016 auf 2017 war es soweit. Meine Familie und ich verbrachten die Tage zwischen den Jahren an einem abgelegenen Ort in der Eifel mit ein paar anderen Familien. Ich war von dem Moment an, in dem wir dort ankamen, erkältet. Das war sehr anstrengend, da die Kinder vier, sieben und acht Jahre alt waren und bei fast allem meine Begleitung brauchten. Als ich mich in der Neujahrsnacht zum Schlafen hinlegte, fragte ich meine Seele eindringlich: »Was ist los? Habe ich unbewusst einen Widerstand gegen irgendetwas hier, den ich besser loslassen sollte? Gibt es etwas, das ich sehen sollte? Bitte lass es mich erkennen!« Als Antwort tauchte sofort ein Satz aus dem Buch *Taguari* auf, den ein Schamanen-Schüler dort sprechen sollte, bevor er eine Höhle betrat, in welcher er eine Aufgabe zu erfüllen hatte: »Ich gebe mich den Geistwesen dieses Ortes hin.«[5] Da ich auf dem gewählten Weg gelernt hatte, den lichten Wesen zu vertrauen, die alles Erschaffene behüten und lenken, musste ich mir nur einen kleinen Ruck geben und sprach sofort innerlich diese Formel. Da sah ich einen dicken Baumstamm und in ihm ein großes, offenes, golden leuchtendes Tor. In diesem standen viele Wesen, kleine, mittlere und größere, vielgestaltig. Sie alle leuchteten ebenfalls golden. Sie

5 Braun, Angelika Selina: Taguari – Das Leben findet seinen Weg. Dritte Auflage. Smaragd Verlag, 2014. Zitat von Seite 157.

strahlten eine Liebe aus, auf die mein Herz sofort mit seiner innigsten Liebe antwortete.

Niemand sagte etwas. Ich wusste sofort, dass das Naturwesen waren, auch wenn sie golden leuchteten wie Engel. Und so verschmolz Liebe mit Liebe und ich wurde in das Tor hineingezogen und verlor das Bewusstsein. Ich wachte aber in der Nacht mehrmals auf, fühlte für ein paar Momente die Vereinigung der Liebe, das goldene Leuchten und schlief dann gleich wieder ein. So konnte ich mich am Morgen noch an dieses goldene Fest der Liebe erinnern. Sehr berührt und dankbar lief ich am Vormittag zum nahen Wald und dankte Gott, den Engeln und den Wesen, indem ich mich intuitiv platt auf den Boden legte.

Ich verstand damals noch nicht, was das bedeutete. Erst als sich 2020 etwas Ähnliches ereignete, diesmal ohne Einschlafen, sagte mir mein zum Zerspringen klopfendes Herz ganz klar, dass wir zusammengehörten, dass wir wieder gemeinsam auf der Erde leben und den Menschen beim Übergang in die neue Erdenergie beistehen würden, und dass ich die Aufgabe hätte, von der Menschenseite her dafür den Weg zu ebnen und den Raum zu erschaffen, dass das möglich wird. Mir wurde klar, dass ich dafür Raum in meinem täglichen Leben schaffen musste und es von Herzen gern wollte. Denn wie sonst sollte das alles entstehen?

Dann folgten noch viele innere und äußere Schritte der Liebe, bis ich im Frühling 2021 die Bitte empfing, Botschaften aufzuschreiben, die den Menschen helfen würden, den Kontakt zur Welt der Naturwesen wieder aufzunehmen. Da musste ich mir einen großen Ruck geben, da ich mich bisher nie als Medium gesehen hatte, doch es waren nur Selbstzweifel, die ich zurückließ. Ich wusste doch längst, dass die Liebe die stärkste Kraft ist.

Vielleicht fragst du, wie diese innere Sicherheit entstand? Kurz zusammengefasst ist meine Antwort: Ich bin den

Spuren der Liebe gefolgt. Es waren Spuren in den verschiedensten Bereichen meines Seelenlebens, die alle mit einer Schwingung inniger Liebe verbunden waren: Innere Antworten auf eindringliche Fragen an meine eigene Seele, was ihr fehlt, was sie sich ersehnt oder was sie benötigt, um sich hier auf der Erde wohlzufühlen. Bilder, die in Meditationen, beim Aufwachen oder Abends kurz vor dem Einschlafen manchmal plötzlich kurz da waren. Tiefe Gefühle, die auftauchten, wenn ich still in der Natur war. Manchen Hinweis bekam ich aber auch durch das, was nahestehende Menschen mir spiegelten. Keine dieser Spuren war für sich allein zwingend. Keine Autorität sagte: »So und so ist das bei dir.« Es war ein Weg, auf dem ich langsam lernte, mir selbst zu vertrauen.

Verbinden – wie machst du das?

Wie mit Wesen eine Verbindung aufbauen, die man erstmal nicht sehen und mit denen man nicht wie gewohnt sprechen kann? Es begann bei mir mit einem rein inneren Vorgang. Irgendwann beim Schreiben wurde ich darauf hingewiesen, dass es dich interessieren könnte, wie ich das genau mache.

Ich habe mich am Anfang tatsächlich seltsam gefühlt, denn ich hatte den Eindruck, dass meine Freunde warten, dass ich etwas unternehme, aber keiner sagte, was das wäre. Ich fragte auch einige Menschen, aber was sie sagten, passte für mich nicht. Es war tatsächlich meiner eigenen Kreativität überlassen, wie ich den Kontakt aufbaue. Ich habe einige verschiedene innere Rituale immer eine Zeitlang ausprobiert. Dieses Kapitel schreibe ich, um dich zu ermutigen, ganz spielerisch und kreativ zu probieren, was sich für dich gut anfühlt. Du kannst nichts falsch machen, nur lernen. Natürlich ist Achtsamkeit wichtig. Aber da eine solche Verbindung als rein inneres Geschehen beginnt, geht es gar nicht ohne sie. Im Folgenden beschreibe ich eines meiner Lieblingsrituale ganz genau, dabei wird das sicher deutlich.

Alle meine Rituale beginnen mit einem Ankommen im Herzen. Wenn ich zum Beispiel den für heute richtigen Platz erspürt habe, an dem ich innehalte und mich mit meinem Baumhüterfreund verbinde, atme ich ein paar mal ganz sanft und etwas tiefer ein und aus und fühle dabei mein Herzzentrum in der Mitte des Brustkorbs. Es bekommt die Sonne meiner Aufmerksamkeit und dehnt sich dadurch etwas aus, manchmal mehr, manchmal weniger – je nach Ausgangslage. Dann sage ich meistens *»Omar ta* *satt«*[6], das ist so ähnlich wie »*Namasté*« oder »Grüß Gott« und bedeutet für mich: »Ich grüße das göttliche Licht, das du bist!«

Nun fühle ich weiter in meine Mitte hinein und suche nach der feinsten, reinsten Schwingung, die dort heute zu finden ist. Manchmal kommt es mir dabei vor, als ob es tatsächlich unsichtbare Saiten wären, die, gespannt zwischen Himmel und Erde, mitten in mir schwingen. Ich wähle die schönste, zarteste und schenke diesen Klang meinem Freund wie eine schwingende Hand, die ich ihm hinstrecke. Dann warte ich, was geschieht, versuche, die Antwort zu spüren. In den letzten Tagen war es oft eine Wärme, die zu meinem Klang hinzukam. Ich fühle sie aber *in* meinem System, nicht außerhalb von mir.

Das alles dauert gar nicht lange: Mindestens neun Atemzüge und nicht mehr als zwanzig.[7] Ich kann empfehlen, lieber nur wenige und dafür sehr innige, achtsame Atemzüge zu machen. Mit dem Anspruch, diese Innigkeit über längere Zeit zu halten, habe ich mich am Anfang manchmal unter Druck gesetzt und es dann sein lassen. Es ergab sich nach einer Weile von selbst, dass ich immer mal merkte: Jetzt ist ein guter Moment, länger in diesen Energien zu verweilen und zu genießen. Außerdem passen neun Atemzüge in jeden Tagesablauf hinein.

---

6 Das habe ich aus dem Weg des Erwachens mitgenommen, den ich 2016/2017 ging. (Weitere Übersetzungen: »Ich grüße dich Herz zu Herz.« »Das Göttliche in mir grüßt das Göttliche in dir.«)

7 Dennoch kann dies von Mensch zu Mensch variieren, besonders, wenn man noch keine Übung darin hat.

Verwendung des Buches als »Würfelbuch«

Es macht sicher keinen Sinn, dieses Buch an einem Stück zu lesen. Und um den Kontakt zu deinen Freunden herzustellen, musst du ganz sicher nicht alle diese Botschaften lesen und befolgen. Du kannst dir auch einfach aus jedem der drei Bereiche *Erwachen, Erinnerung* und *Freundschaft* die aussuchen, die dich in der Seele am meisten ansprechen. Für jeden Menschen werden in der Situation, in der er das Buch zu Rate zieht, andere dieser 36 Botschaften passend sein. Deswegen habe ich jeder Botschaft eine der 36 Zahlenkombinationen zugeordnet, die man durch zweimal würfeln mit einem normalen sechsseitigen Würfel erhalten kann:

11, 12, …, 16
21, 22, …, 26
31, 32, …, 36
41, 42, …, 46
51, 52, …, 56
61, 62, …, 66

In einer Tabelle am Ende des Buches findest du rechts von jeder Kombination die Seitenzahl der zugehörigen Botschaft.

Wenn du nur zwei bis drei der Hinweise in den Botschaften mit Hingabe verfolgst und dann nach Monaten oder Jahren das Buch wieder aufschlägst, wirst du sicher bemerken, dass vieles, was in den anderen Botschaften angesprochen wurde, auf zauberhafte Weise auch in dein Bewusstsein eingezogen ist. Denn alles hängt miteinander zusammen, nichts geschieht komplett getrennt vom anderen, auch wenn uns das manchmal so vorkommt.

Dafür, wie du dir nun vom Leben, vom Universum, von der geistigen Welt, von deinen Freunden in der Anderswelt eine dieser Zahlenkombinationen zuspielen lässt, habe ich hier ein paar Vorschläge für verschiedene Vorlieben zusammengestellt.

Für das Erspüren mit den Händen

Suche dir 36 kleine Steine und schreibe auf jeden eine der obigen Zahlenkombinationen. Lege die Steine in einen kleinen Beutel oder eine Schale und wähle fühlend einen Stein aus. Du kannst das natürlich auch mit kleinen Zettelchen, Keramikstücken, Holzstäbchen oder Ähnlichem machen.

Genauso könntest du dir die Zahlenkombinationen auch gut verteilt auf ein größeres kreisrundes Papier zeichnen und dann bei geschlossenen Augen einen Finger über das Blatt wandern lassen und erspüren, wo er verweilen möchte. Ich selbst würde die linke Hand wählen, weil ich Rechtshänderin bin und meine linke Hand im Gegensatz zur rechten als empfänglicher empfinde. Wenn der Finger zwischen zwei Zahlen anhält, bekommst du eben zwei Botschaften gleichzeitig.

Die so gefundene Kombination suchst du dann in der am Ende des Buchs abgedruckten Tabelle auf.

Würfeln – der absolute Zufall

Eine sehr einfache und praktische Variante ist, dass du dir einen (oder zwei) dich besonders ansprechenden sechsseitigen Spielwürfel besorgst. Dann kannst du durch zweifaches Würfeln mit einem Würfel (oder einfaches Würfeln mit zwei Würfeln) die Zahlenkombination für deine Botschaft ermitteln.

Wähle selbst

Lass einfach deinen Blick über die Übersicht der Botschaften im Inhaltsverzeichnis oder auf der nächsten Seite gleiten und wähle die Überschrift, die dich besonders anspricht.

Erschaffe dir ein Ritual

Es geht um deine persönliche Verbindung mit Wesen des Waldvolks. Deswegen wäre es sehr schön, wenn du dir für dieses Auswählen einer Botschaft auch ein persönliches Ritual erschaffst, das dir in diesem Abschnitt deines Lebens entspricht und dich schon bei der Auswahl der Botschaft mit deiner Seelenabsicht und Liebe für die Wesen verbindet. Hier nur einige Anregungen:

- Ein passendes Gebet oder Gedicht sprechen.
- Deinen Schutzengel oder geistigen Führer bitten, deine Energie zu erhöhen und um Unterstützung bei der Verbindung mit der Welt der Naturwesen bitten.
- Ein paar tiefe Atemzüge ins Herzzentrum mitten in der Brust hinein zu nehmen. Dabei kannst du dir vorstellen, Liebeslicht einzuatmen, oder dass sich das im Zentrum leuchtende Licht deiner Liebe ausdehnt.
- Denke an deinen Lieblingsbaum oder liebsten Platz in der Natur und fühle für ein paar Atemzüge, was euch verbindet.

Naturgeister lieben Rituale! Du wirst staunen, was für Energien sich nach einer gewissen Zeit einfinden, sobald du dein Ritual beginnst!

Übersicht der Botschaften nach Zahlenkombinationen

Nachwort

Es ist mir eine Ehre und Freude, dass ich dieses Buch schreiben und die Bilder dazu kreieren durfte. Ich habe während seiner Entstehung immer wieder große Dankbarkeit gefühlt, diese Aufgabe zu haben. Das hat es leicht gemacht, mich in dieser bewegten Zeit auf das Schöne zu fokussieren, das jetzt entstehen möchte, und auf die Kräfte und Wesen, die uns dabei unterstützen.

Dass ich das Vertrauen in meine Fähigkeiten gefasst habe, das nötig war, um dieses Buch zu schreiben, verdanke ich vor allem meiner Begleiterin Aylin. Mit sanfter Klarheit übermittelte sie mir, was sie in meiner Akashachronik wahrnahm. Wir verglichen unsere Wahrnehmungen und sie ermutigte mich immer wieder, den eigenen, zarten inneren Wahrnehmungen zu vertrauen und aus ihnen heraus das zu erschaffen, was ich als meine Aufgabe empfinde. Niemand hat sich vor mich hingestellt und gesagt: »Das ist deine Aufgabe.« Das Waldvolk meldete sich mit der mir vertrauten Stimme in meinem Herzen.

Diese Stimme des Waldvolks, die hier spricht, ist nicht die Stimme aller Wesen des Waldvolks. Es sind auserwählte Wesen verschiedenster Völker, die die Aufgabe haben, den Kontakt mit uns aufzunehmen. Das gibt dieser Stimme ihren besonderen Klang und auch einen gewissen Ernst. Es gibt auch Naturgeister, die einfach ihr Leben leben und mit Hingabe ihre Aufgabe erfüllen, ohne der Menschenwelt viel Beachtung zu schenken. Das überlassen sie den Auserwählten, so wie auch wir gewählten Vertretern Aufgaben überlassen. Ein einzelnes Wesen mit anderen Aufgaben würde sicher anders sprechen und manches anders sehen.

Zuletzt schrieb ich meine Erfahrungen zum Thema »Gemeinsam Feiern« auf. Das Entstehen der Bilder, was sich anschloss, war auch ein Fest, eine große Freude, und ja, auch manchmal eine Herausforderung an mein Vertrauen. Bis vor Kurzem hätte ich nicht gedacht, dass ich so etwas erschaffen könnte. Zuletzt hatte ich als Schülerin in der Schule farbige Bilder gemalt. Mein Verstand begriff nur langsam Bild für Bild, dass das doch geht, wenn ich mich führen lasse. Ich behaupte nicht, dass die Wesen eins zu eins so aussehen. Ich habe gefragt, nach der Antwort gelauscht, gespürt, gemalt und dann wieder gefragt, immer weiter, bis die Schwingung sich stimmig anfühlte. Mein verbundenes Selbst kann so viel mehr. Auch deswegen bin ich sehr frohen Mutes, was die Zukunft betrifft. Die wachsende Verbundenheit bringt so viele Überraschungen, neue Möglichkeiten, ja, Wunder mit sich.

Wir sind so viel mehr als wir denken und tragen alles in uns. Und je mehr wir das entdecken und leben, passt sich das Äußere dem an und spiegelt diese Liebe, Fülle und Schönheit wider.

Ich wünsche dir die schönsten Wunder mit deinen Freunden vom Waldvolk!

Quellenangaben

In der Reihenfolge, wie im Text:

- Gedicht zu Beginn (S. 7): CD Faun: Luna – live acoustic Berlin. Musicstarter GmbH, 2015. Abgewandelte Version der ersten und dritten Strophe des Gedichts Abschied Josephs von Eichendorff (1810) Neumann, Peter Horst; Lorenczuk, Andreas (Hrsg.): Joseph von Eichendorff. Gedichte. Reclam, 1986. (Hintergrundabbildung stammt aus der Feder der Autorin.)
- Fußnote S. 45: Kor, Eva Mozes; Eckert, Guido: Die Macht des Vergebens. Benveneto, 2016.
- Zitate auf Seite 66: CD Oonagh: Attea Ranta (Second Edition). We love Music (Universal Music), 2014. Tracks 2 (Vergiss mein nicht), 7 (Hörst du den Wind) und 15 (Undomiel)
- Abbildung S. 88: https://www.shimaa.de/fileadmin/user_upload/content-files/kryonschule/kristalle_der_wirklichkeit/ Kristallübersicht_Schritt_1-4.pdf
- Zitat auf Seite 112: Braun, Angelika Selina: Taguari – Das Leben findet seinen Weg. Dritte Auflage. Smaragd Verlag, 2014. Zitat von Seite 157.

Autorenporträt

Marie-Henriette Böhnke, geboren 1972, studierte Mathematik und arbeitet als Finanzanalystin. Sie ist ein Familienmensch, glücklich verheiratet und Mutter von drei Töchtern, mit denen sie gern Zeit verbringt. 2021 begann sie Texte auf ihrer Internetseite www.wir-gehoeren-zusammen.de zu veröffentlichen, die das Seelenerwachen und den Übergang in eine neue Zeit des respektvollen, liebevollen Miteinanders aller Bewohner unseres Planeten unterstützen wollen. Jetzt veröffentlicht sie mit »Botschaften des Waldvolks« ihr zweites Buch.